全単元・全時間の流れが一目でわかる！

社会科 5年

365日の板書型指導案

阿部 隆幸・井出 祐史・千守 泰貴 著

明治図書

はじめに

　本書を手に取られた先生方の中には，もしかして日々，次のような悩みを抱えておられる方がいらっしゃるかもしれません。

・毎日の忙しさの中で，満足に教材研究ができていない。
・１時間の社会科の授業をどう流したらいいか，わからない。
・学年の先生方と，授業の流れを共有する時間が取れない。
・教師用指導書だけでは，細かい指示や発問がわからない。
・板書が整理できず，用語や説明の羅列になってしまう。

　本書が提案する「板書型指導案」は，このような悩みを解消する特効薬になり得る，学習指導案の形式です。

　わたしたち自身も以前まで，このすべての悩みを抱える一人でした。そんな中，「板書型指導案」の先行実践に出合い，シンプルな形式と利便性に感銘を受けました。そして，わたしたちなりに，さらに「毎日の教材研究の過程で作成でき，日常的に使える」実用的な形式を目指して，検討を重ねました。具体的には，「１枚を１時間程度で作成できるようでなければ，多忙な毎日の中でつくれない」と考えて形式を整え，改善と実践を積み重ねて蓄積してきました。

　我々が実感する「板書型指導案」の効果は，以下の通りです。

・職員室から教室に行くまでに，一目見てわかる。
・学年の先生方に配布することで，十分に情報を共有できる。
・作成する過程で，板書や授業の流れが整理される。
・「１時間の授業をデザインする力」が磨かれる。
・次年度以降に「すぐに使える」授業記録として残る。

　本書の特長として，５年生の社会科において，できるだけ教科書や地図帳など身近な資料を活用してできる授業を目指しました。各都道府県や市町村ごとに異なる教科書をお使いですので，まずは類似する資料が教科書に掲載されているか確かめることから始めてください。また，平成29年版学習指導要領に対応した単元構成で作成しました。具体的には，次の通りです。「竹島や北方領土，尖閣諸島が我が国の固有の領土であること」に触れること。食料生産における「価格や費用」を調べること。工業生産の「貿易や運輸」を小単元「工業生産を支える」として独立させたこと。「自然災害」と「森林」を分けて小単元を構成したことなどです。新単元となる「社会を変える情報」では，インターネットショッピングを事例として取り上げました。本書が先生方の一助となれましたら，幸いです。

　2019年３月

井出　祐史　　千守　泰貴

目次

はじめに 2

1章 板書型指導案のススメ

◆板書型指導案って何？ ……… 8
◆板書型指導案の歴史 ……… 9
◆板書型指導案の特長（よさ） ……… 9
◆板書型指導案の読み方・書き方 ……… 12
◆板書型指導案を使った授業デザイン ……… 16
◆板書型指導案を活用するときのコツ ……… 20

2章 授業の流れが一目でわかる！社会科5年板書型指導案

1 世界の中の国土（5時間） ……… 22

- **1時** 日本は，「世界の中でどこにある」と言えるのだろうか。 22
- **2時** 日本は，「世界の国から見てどこにある」と言えるのだろうか。 23
- **3・4時** 日本のはんいは，どこからどこまでなのだろうか。 24
- **5時** 調べたことをもとにして，学習問題の結論をまとめよう。 25

2 国土の地形の特色（3時間） ……… 26

- **1時** 日本の地形について調べ，学習問題をつくろう。 26
- **2・3時** 日本の地形について白地図にまとめ，学習問題の結論をまとめよう。 27

3 低い土地のくらし（5時間） ……… 28

- **1時** 岐阜県海津市の様子を調べ，学習問題をつくろう。 28
- **2時** 海津市の人々は，どのようにして水害からくらしを守ってきたのだろうか。 29
- **3時** 海津市の農業は，どのように水を利用しているのだろうか。 30
- **4時** 海津市の人々の生活にとって，水は，どのようなものなのだろうか。 31
- **5時** 調べたことをもとに，「ふりかえりシート」に整理し，学習問題の結論をまとめよう。 32

4 国土の気候の特色（3時間） ……… 33

- **1時** 日本の気候について調べ，学習問題をつくろう。 33
- **2・3時** 日本の気候について白地図にまとめ，学習問題の結論をまとめよう。 34

5 あたたかい土地のくらし（5時間） ……… 35

- **1時** 沖縄県の気候と家の様子を調べ，学習問題をつくろう。 35
- **2時** 沖縄県の家には，どのような工夫があるのだろうか。 36
- **3時** 沖縄県の農業は，気候をどのように生かしているのだろうか。 37
- **4時** 沖縄県には，どうして多くの観光客がおとずれるのだろうか。 38
- **5時** 調べたことをもとに，「ふりかえりシート」に整理し，学習問題の結論をまとめよう。 39

6　くらしを支える食料生産（6時間）········· 40

1時 料理に使われている材料を調べ，学習問題をつくろう。 40

2時 日本の米は，どこでつくられているのだろうか。 41

3時 日本の農作物は，どこでつくられているのだろうか。 42

4時 食料品は，どこから，どのくらい輸入しているのか，食料自給率を調べよう。 43

5時 食料品の輸出入は，どのように変化してきたのだろうか。 44

6時 日本の食料生産には，どのような特色があるのだろうか。 45

7　米づくりのさかんな地域（8時間）········· 46

1時 みんなの家で食べている米について調べ，学習問題をつくろう。 46

2時 庄内平野では，どのように気候を米づくりに生かしているのだろうか。 47

3時 庄内平野では，どのように地形を米づくりに生かしているのだろうか。 48

4時 米づくりでは，どの工程が一番大切と言えるのだろうか。 49

5時 農家の人たちは，米づくりの費用や手間をどのように解決して米づくりをしているのだろうか。 50

6時 農業協同組合と水田農業試験場は，どのような役割を果たしているのだろうか。 51

7時 米は収かくされたあと，どのようにしてわたしたちのもとへ届けられ，売られるのだろうか。 52

8時 これからの日本の米づくりは，どのようにしていけばよいのだろうか。 53

8　水産業のさかんな地域（7時間）········· 54

1時 ふだん食べている水産物について調べ，学習問題をつくろう。 54

2時 かつおは，どこで，どのようにとっているのだろうか。 55

3時 外国の海でとれたかつおは，どのようにして新鮮なまま，わたしたちのまちに運ばれるのだろうか。 56

4時 日本の水産業における生産量は，どのように変化してきているのだろうか。 57

5時 ぶりの養しょくは，どこで，どのように行われているのだろうか。 58

6時 青森県では，何のためにひらめを放流しているのだろうか。 59

7時 これからの日本の水産業にとって，どのようなことが大切なのだろうか。 60

9　工業製品とくらしの変化（6時間）········· 61

1時 わたしたちのくらしの中で使われている工業製品は，どのような種類に分けられるだろうか。 61

2時 身の回りの工業製品について，学習問題をつくり，予想と学習計画を立てよう。 62

3時 工業製品は，日本のどこでつくられているのだろうか。 63

4時 日本の工業生産は，どのように変化してきているのだろうか。 64

5時 機械工業が増えたのは，どのようなことが関係しているのだろうか。 65

6時 日本の工業生産には，どのような特色があるのだろうか。 66

10　自動車をつくる工業（13時間） ……… 67

- **1時** 自動車はどこでつくられているのだろうか。 67
- **2時** 自動車工業について調べる学習問題を考えよう。 68
- **3時** 学習問題に対する予想を考え，学習計画を立てよう。 69
- **4・5・6時** 自動車工場や関連工場で働く人たちの工夫や努力を見つけよう。 70
- **7時** 組み立て工場では，どのような作業をしていたのだろうか。 71
- **8時** 組み立て工場で働く人たちは，どのような工夫をしているのだろうか。 72
- **9時** 関連工場では，どのようにして部品をつくっているのだろうか。 73
- **10時** ３万点もある自動車の部品は，どこでつくられているのだろうか。 74
- **11時** 完成した自動車にはどのような工夫があるのだろうか。 75
- **12時** これまでの学習をふり返り，学習問題の結論を考えよう。 76
- **13時** これからの自動車づくりについて考えよう。 77

11　工業生産を支える（5時間） ……… 78

- **1時** 完成した自動車はどこへ，どのようにして運ばれていくのだろうか。 78
- **2時** 工業生産で必要となる原材料はどこから運ばれてくるのだろうか。 79
- **3時** 工業生産でつくられた製品はどこへ運ばれていくのだろうか。 80
- **4時** 輸入した原材料や輸出する製品はどのようにして運ばれているのだろうか。 81

- **5時** これまでに学習したことをもとに学習問題の結論を考えよう。 82

12　情報産業とわたしたちのくらし（9時間） ……… 83

- **1時** わたしたちはどのようにして情報を手に入れているのだろうか。 83
- **2時** 放送局では，東日本大震災発生時の様子をどのようにして伝えたのだろうか。 84
- **3時** 東日本大震災発生後にどのようにニュース番組がつくられていたのかを考え，学習問題をつくろう。 85
- **4時** 放送局では，どのようにニュースを放送しているのだろうか。 86
- **5時** テレビ番組は，どのようにして決められるのだろうか。 87
- **6時** これまでの学習をふり返り，学習問題の結論を考えよう。 88
- **7・8時** テレビ放送の内容は本当に正しいのだろうか。 89
- **9時** わたしたちは，テレビの情報をどのように生かしていけばよいのだろうか。 90

13　社会を変える情報（10時間） ……… 91

- **1時** インターネットショッピングがどのように利用されているか調べ，学習問題を考えよう。 91
- **2時** ショッピングサイトでは，消費者が買い物をしやすくするためにどのような工夫をしているのだろうか。 92
- **3時** ログイン前とログイン後では，何が変わったのだろうか。 93
- **4時** ショッピングサイトでは，様々な情報をどのように活用しているのだろうか。 94

5時 どのようにして早く商品が届けられているのだろうか。① 95

6時 どのようにして早く商品が届けられているのだろうか。② 96

7時 これまでの学習をふり返り，学習問題の結論を考えよう。 97

8時 インターネットショッピングがどのような人たちに，どのように活用されているのか調べよう。 98

9時 情報はどのような場面で，どのような人たちに活用されているのか調べよう。 99

10時 わたしたちは，情報化された社会の中で，どのようなことに気をつけていけばよいのだろうか。 100

14　わたしたちの生活と森林（5時間） 101

1時 国土の中の森林の様子について調べ，学習問題をつくろう。 101

2時 天然林はどのようなところなのだろうか。 102

3時 人工林はどのようなところなのだろうか。 103

4時 これまでの学習をふり返り，学習問題の結論を考えよう。 104

5時 森林を大切に守っていくために自分たちにできることを考えよう。 105

15　自然災害を防ぐ（5時間） 106

1時 日本で起こった自然災害について調べ，学習問題をつくろう。 106

2時 地震や津波，火山の噴火からわたしたちを守る対策には，どのようなものがあるのだろうか。 107

3時 風水害や雪害からわたしたちを守る対策には，どのようなものがあるのだろうか。 108

4時 なぜ日本では様々な自然災害が多く発生するのだろうか。 109

5時 これまで学習してきたことをもとに学習問題の結論を考えよう。 110

16　環境を守るわたしたち（5時間） 111

1時 多摩川は昔どのような川だったのだろうか。 111

2時 なぜ多摩川はよごれてしまったのだろうか。 112

3時 多摩川をきれいにするために，国や東京都はどのような取り組みをしてきたのだろうか。 113

4時 多摩川のために，地域の人たちはどのような取り組みをしているのだろうか。 114

5時 これまでに学習したことをもとに学習問題の結論を考え，環境を守るために自分たちにできることを考えよう。 115

おわりに　116

1章 板書型指導案のススメ

◆板書型指導案って何？

「社会科の授業を少しでも魅力的なものにしたい」と思いつつ，「学校の教育活動全体が忙しくてなかなか社会科の授業改善に取り組めない」でいて，結局は「教科書や教師用指導書を少し参考にしただけで整理できず頭がゴチャゴチャのままで授業をしてしまっている」という皆さまに，とっておきのこの本を紹介します。

「板書型指導案」です。

「板書型指導案」という名前を初めて耳にする方もいらっしゃることでしょう。本書2章以後の実物を見ていただければ一目瞭然ですが，ここでは下のように定義しておきます。

「板書型指導案」とは，1枚の用紙の中に
(1) 本時の板書計画を紙面の中心に大きく描き，
(2) 板書だけでは伝わりにくい本時の流れや意図，要点，身につけたい力と評価などを周辺に書き出した
毎日の授業に活用できる指導案のことです。

みなさんは「学習指導案」の書式や書き方を吟味したことがありますか。研究授業等を中心に「書かねばならない状況」で「決められた書式」を与えられて書くことが当たり前で，考えたこともない

という方が多いことでしょう。決められた組織で決められたフォーマットで進めることは仕方ありません。しかし，日常の授業を進める中で学習指導案を「形骸的な」「仕方のないもの」としか捉えられない状況だとしたら，もったいないことをしています。

過去には，社会科において討論中心の授業を展開するための学習指導案の作成を検討した佐長健司先生の研究[1]などがあります。実際の授業と案（計画）を機能的に結びつけようとした試みです。

最近ではアクティブ・ラーニングの授業を進めていく際に手軽に進行できる考えとして「アクティブ・ラーニングデザインシート」[2]を作成することを勧める提案も参考になります。

日々の授業と連動してこその学習指導案です。学習指導案を身近なものとして引き寄せて，日常の授業に活用しましょう。それができるのがこの「板書型指導案」です。

本書は，2つの使い方ができます。

1つは，本書を使って毎日の社会科授業を展開できることです。全単元全時間の「板書型指導案」を掲載しました。本書を参照してもらえば，子どもたちが退屈を感じる社会科授業からの脱却が望めるでしょう。

2つは，本書をヒントに「板書型指導案」を作成できることです。以下では考え方，書き方のコツを紹介していきます。もちろん，本書を参考に微修正していくことも一つの方法でしょう。

◆板書型指導案の歴史

「板書型指導案」はわたしたちが発案したものではありません。もとをたどりますと,刊行物としては北海道社会科教育連盟が2008年10月に「社会科板書型指導案 Vol.1」を発刊したのがはじまりのようです。札幌市社会科教育連盟（委員長　新保元康先生）のホームページで Vol.11まで発刊されています[3]（2018年8月現在）。この板書型指導案を紹介する形で,当時,文科省初等中等教育局教科調査官だった安野功先生が「新感覚の指導案として,いま,私が最も注目しているのが,板書型指導案だ」[4]と述べています。

また,社会科以外に視野を広げて探してみますと,北海道社会科教育連盟のものとは形式や考え方が若干異なるようですが,山口県教育委員会が県内の学校に「板書型指導案」を広げている様子がわかります[5]（平成28年現在）。

以上のような先行実践を知り,「板書型指導案」の作成のしやすさ,実際の授業での使い勝手のよさに魅了された社会科研究会の仲間が集まりました。話し合いを重ね,より作成しやすい,使い勝手のよい「板書型指導案」のフォーマットを整えました。そして,各自,自らの授業実践を中心に毎時間の社会科授業の内容を「板書型指導案」としてまとめていきました。実践を積み重ねた結果,3,4,5,6年の社会科全単元全時間を「板書型指導案」にまとめることができました。

本として出版するにあたり,実践して蓄積した「板書型指導案」に2つのことを加味,修正しています。

第一は,新しい学習指導要領との整合性です。2020年度から全面実施する新学習指導要領の内容に合うように内容を整えました。移行期間である2019年度からすぐに使えるようになっています。

第二は,客観的にわかりやすいかを考えて文章表現やレイアウトを整えました。「板書型指導案」を作成し始めた当初は自分たちがわかればよい程度の認識で作成していました。本にするということは,第三者に伝わるような書き方をしなければなりません。フォーマットを極力統一するように努めました。学習内容により授業の進め方や考え方が異なります。加えて,学年や単元で執筆者が異なります。全く同じというようにはいきませんが,ページをめくっていく中で内容を読み取るために難しくならないように努力したつもりです。この工夫については,あとの「板書型指導案の読み方・書き方」で説明します。

◆板書型指導案の特長（よさ）

ここでは,板書型指導案の特長（よさ）をまとめることを通して,同時に本書の特長（よさ）も書き出していきたいと思います。安野功先生,新保元康先生,安達正博先生,前原隆志先生が書かれた文章を参考にしています（117頁参照）。

この4名の先生が説く「板書型授業案」の特長を整理すると次の7つになります。

> **板書型指導案の特長（よさ）**
>
> 1　授業の（ゴール）イメージができること
> 2　授業の流れがわかること
> 3　教師自身が教材について学べること
> 4　学習内容の整理ができること
> 5　授業記録として活用できること
> 6　授業参観者のための指導案と手持ちの指導案を兼ねること
> 7　いつでも実践できること

以下，説明していきます。

1　授業の（ゴール）イメージができること

「板書型指導案」は板書の完成したものとほぼ同等です。指導案を見ることで授業が終わった状態がイメージできます。また，授業途中に参照することで，今（ゴールの）どの程度まで進んでいるかも視覚的に確認することができます。板書型指導案を見たり，書いたりすることを続けることで，授業イメージを容易にもてることになるでしょう。

「一目で明確に示すことができる」ことは，「社会科が苦手な先生」以外に，例えば，様々な業務で忙しく，なかなか授業研究に時間を割けない先生にとっても魅力です。偶然生じた，すきま時間にこの板書型指導案をさらっと眺めるだけでも，頭の中に授業をイメージして授業に臨むことができるのです。

2　授業の流れがわかること

「板書型指導案」では完成した板書構成図を紙面の中心に置きつつも，その周辺に授業の流れ（本書の「板書型指導案」では「つかむ」「調べる」「まとめる」と表記）を書くようにしています。これで，「静的な板書構成図」が「動的な板書構成図」に変身します。

ゴール（目標や結果）と流れ（過程）を簡単にわかるようにしたことで，誰もが授業をしやすくなっているのです。

3　教師自身が教材について学べること

本書は「本書を利用して全学年全単元全時間の授業を手軽に気軽に実践してもらう」ことと，「本書を利用してご自分の板書型指導案を作成してもらう」ことの大きく2つの使い方があります。

まず「手軽に実践したい」と思って手にした方は，板書型指導案に示してある資料をそのまま用意して授業に使えばよいわけです。文章で説明してある資料ではなく視覚的にわかる資料なので，すぐに準備できますし，すぐに使えるはずです。いつ，どこで，どのように使うかがすぐにわかるのもよいです。本書を使い続けることで，資料提示のコツなどもわかってくることでしょう。

次に「板書型指導案を作成したい」と思って手にしている方は，本書の資料提示を参考にしながら自分なりの資料を集めてみる，提示してみるということを試してみることができます。0から考える

のはなかなか大変なことですが，参考にする見本があるということはとても助かります。

4　学習内容の整理ができること

　1回の授業に見合った器（うつわ）で物事を考えて進めましょう。時間は1時間です。黒板の広さは決まっています。その時間の子どもたちの活動範囲，思考範囲，吸収できる知識量も1時間の授業分だけです。

　そう考えると，「あれもこれもそれも」と教えたい内容や方法の最大容量を書き出すのではなく，「あれとこれとそれ」と必要最小限を書き出して，授業中にそれ以外のモノやコトが出てきても受け止められる余裕を設けておくことは，子どもたちが主体的に学ぶ姿勢を育てるために必要です。

5　授業記録として活用できること

　「板書型指導案」は作成して終わり，の指導案ではありません。「計画」だけでなく，「記録」ができることにその素晴らしさがあります。

　例えば，本時の授業に該当するページをコピーしてバインダーにはさみ，カラーペンを持ちながら授業を進めます。こうすることで授業を進めながら気づいたことをメモすることができます。

　授業が終了した時点での完成予定の板書構成が描かれていることで，実際に進めた授業とのちがいが明確であり，そのちがいをもとにした気づきや考えを書き留めればよいのです。

6　授業参観者のための指導案と手持ちの指導案を兼ねること

　板書型指導案は，1枚の用紙に板書の完成案を用紙の中心に描き，板書構成に説明しきれない流れや工夫等をその周辺に書きます。自分だけのメモのようになりつつも，第三者にも一見してすぐに理解してもらえるレイアウトです。ユニバーサルデザイン的なのです。

7　いつでも実践できること

　「板書型指導案」の最後の特長として「いつでも実践できること」を挙げます。

　一見して「授業イメージ」ができて，一見して「準備物がわかり」1枚の用紙に作成するので，一般の学習指導案よりも簡単に作成できます。

　また，本書をそのまま活用すれば，全単元全授業をさっと展開することができます。少しでも先生方の仕事への負担軽減とともに授業の質の向上に寄与できましたならうれしく思います。

【注】
(1)佐長健司「社会科討論授業のための学習指導案の内容と作成方法」（社会系教科教育学会『社会系教科教育学研究』第11号　1999年）pp.11-18
(2)水落芳明・阿部隆幸編著『これで，社会科の『学び合い』は成功する！』(学事出版)
(3)社会科板書型指導案―札幌市社会科教育連盟　http://www.school-ed.jp/shi-sharen/sidouan
(4)安野功著『ヤング感覚"ザ・社会科授業"単元ストーリー化で子どもノリノリ』（明治図書）p.160
(5)計画をもって授業に臨んでいますか～板書型指導案活用のすすめ～山口県教育委員会
http://www.pref.yamaguchi.lg.jp/cmsdata/c/0/9/c09b1410329a2668b208fd359302bdd7.pdf

◆板書型指導案の読み方・書き方

　本書2章からの板書型指導案の構成を説明します。構成を知るということは，逆に考えれば，そのような構成で書けばよいということにつながります。ぜひ，構成を知ってさっと読み取ってすぐに授業を進められるようになると同時に，頭に浮かんだ授業のアイデアを板書型指導案に書き記せるように挑戦してみてください。

　ちなみに，これから説明する「板書型指導案の構成」は，本書2章の「板書型指導案」実物の説明になります。先に紹介しています通り，全国には「北海道社会科教育連盟」や「山口県教育委員会」が提示している「板書型指導案」もありますし，他の研究会，自治体で作成，推奨している板書型指導案があるかもしれません。それとは異なることをご承知の上お読みください。

　本書の「板書型指導案」は大きく4つの部分から成り立っています。以下です。

```
1　見出し
2　つけたい力と評価
3　板書計画
4　授業の流れ
```

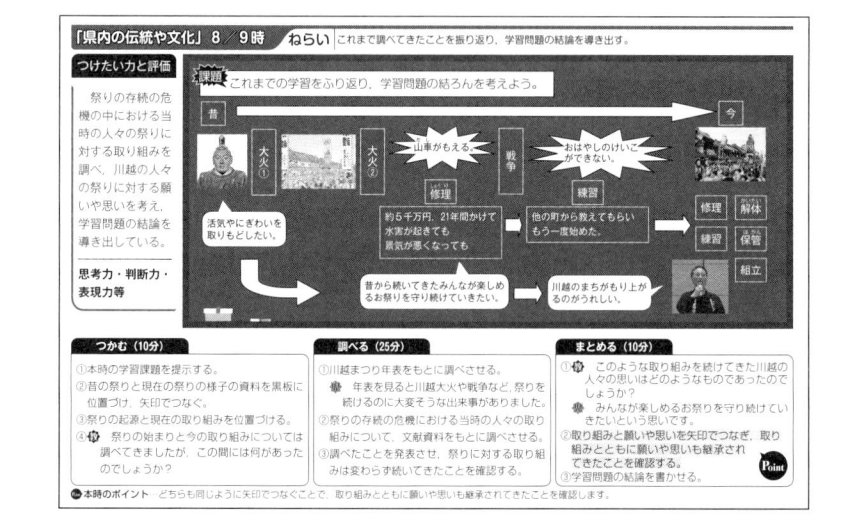

1　見出し

　「単元名」「総時間」「何時間目か」「ねらい」を示しています。ここで，ざっと社会科授業全体の，そして，単元全体の位置づけを把握します。板書型指導案は単元全体よりも1時間に焦点を絞った指導案です。「見出し」において，全体の位置づけを確認しておくことは本時1時間を深く考えていく前段階として大切です。

2　つけたい力と評価

　「見出し」の「ねらい」を受けて，この授業でどのような力を身につけようと考えているかを記述します。

　本文最後に，学習指導要領が掲げている育成したい3つの資質・

能力として挙げられている「知識及び技能」「思考力・判断力・表現力等」「主体的に関わろうとする態度」のうち，本時ではどれに最も焦点を当てて授業を行うかを記します。

3　板書計画

「板書型指導案」の中心を構成する板書計画です。

本時の板書の完成形を描くことが目標になります。わたしたち授業者にとってよりよい板書というのはそれぞれ異なることと思いますが，以下の点を考えて板書計画に表しました。本書を読み取るとき，そして，板書型指導案を作成するときの参考にしてください。

> (1)学習課題を書く（基本形は左上）
> (2)まとめが明示できる授業の場合はまとめを書く
> (3)時間の流れは，基本的に左から右に書いていく
> (4)効果的な資料配置を考えて明示する
> (5)言葉を精選して黒板に表記する（冗長にならない）
> (6)記号（矢印，吹き出し，枠囲み等）を効果的に使う

説明を加えます。

(1)学習課題を書く（基本形は左上）

本時で何を学ぶのか，何に向かっているのかを子どもたちに示すことは，子どもたちに学習の見通しをもってもらうため，つまり，主体的に学ぶ姿勢を培うために大切です。それが学習課題を書くという行為です。

この学習課題をいつも同じ場所に書くことで子どもたちはいつも安心して，今行っている学習の目標や方向性を確認できます。本書では左上を基本形としました。

(2)まとめが明示できる授業の場合はまとめを書く

完成した板書を描くのが板書型指導案の特長です。学習課題に対応した「まとめ」が事前に書けるような授業内容のときは書いておきます。これで板書型指導案を参照しながら授業をする限り，「まとめ」をしないで終わるとか，授業終了時に「まとめ」の内容をどのようにするか悩むようなことはなくなります。

(3)時間の流れは，基本的に左から右に書いていく

本書では左から右へ書いていくことを基本形にしました。社会科の教科書やノートが横書きで文章が左から右へ進むので，それに合わせた方が子どもたちに違和感がないだろうという考えからです。

しかし，学習する内容によっては，黒板中央にテーマを書いて放射線状に文字や資料を配置していく方がわかりやすい場合もあるでしょう。また，マインドマップのようなマップ形式で表記していく方がよい場合もあるかもしれません。

基本形をもとにし，その都度，学習目標や内容によって記述方法を柔軟に変えられるのが理想です。

(4)効果的な資料配置を考えて明示する

　社会科の授業では，資料を用いる場面が多いです。だからこそ，視覚的に配置を明示できる板書型指導案の価値が高まります。

　事前に資料を黒板の位置にいつ貼付するか，その資料にどのような文字を補足するか，ということを板書型指導案にすることで考えられるようになります。そして，これらを事前に考えることは授業をスムーズに進めるためにとても大切なことです。

(5)言葉を精選して黒板に表記する（冗長にならない）

　黒板という限られた空間に，どんな言葉をどこに書くかを考えます。事前に言葉を精選し，効果的な場所にそれを書き記すことを考えるわけです。板書の完成形を事前に考える板書型指導案だからこそできる特長です。一般的な時系列で本時の展開を書き表す学習指導案の場合，言葉の説明だけで大切なことを板書しなかったり，板書に長々と文章を書いてしまったりと極端な板書になることがあります。これでは，授業の目標を達成しにくくなります。

(6)記号（矢印，吹き出し，枠囲み等）を効果的に使う

　考えて配置した資料や精選した言葉を，もっとわかりやすくしてくれるものが「記号」です。ここで言う「記号」とは矢印や吹き出しや枠囲み，そして色（カラー）等を指します。

　考え抜いて配置した資料や言葉が，矢印で流れを示されたり，吹き出しで資料と言葉のつながりがわかったり，枠囲みで他の資料や言葉よりも大切であることが強調されたりすることになります。つまり，平板な板書が立体的な板書になるのです。

4　授業の流れ

　「板書型指導案」の中心は「板書計画」です。この「板書計画」は板書の完成予想図です。完成予想「図」ですので，「静的」なものです。変化（移り変わり）がわかりません。何も描かれていない状態の黒板がどのようにしてこの「板書計画（板書の完成予想図）」になったかがわからないのです。

　この「静的」な「板書計画」を「動的」なものにしてくれる役割がこの「授業の流れ」です。

　「板書計画」では授業の「結果（目標達成の姿）」がわかり，「授業の流れ」では授業の「過程（目標達成するまでの経過）」がわかります。「板書計画」と「授業の流れ」を併せて見ていくことで，本時の授業が浮き彫りになるという構造です。

　「授業の流れ」に関しても，授業者各自のこだわり，わかりやすさ等があると思います。本書では下のようなフォーマットで作成しています。少し説明を加えます。

---

(1)「つかむ」「調べる」「まとめる」の3場面に分割した

(2)丸付き数字の箇条書きで授業の流れを説明した

(3)教師の指導言を**教**，児童の予想される反応を**児**とした

(4)各時間の最も大切な箇所に「網掛け（**Point**）」を付けた

(5)「網掛け（Point）」部分で意識したいことを記述した

(1)「つかむ」「調べる」「まとめる」の3場面に分割した

　「主体的・対話的で深い学び」を授業で進めていく中で，「調べる」活動が社会科の中では大切になってきます。その前後を挟むように「つかむ」と「まとめる」を配置しました。

(2)丸付き数字の箇条書きで授業の流れを説明した

　「板書計画（板書の完成予想図）」に至る流れを示すのがこの丸付き数字の箇条書き部分です。「つかむ」「調べる」「まとめる」の場面の中でどのような順序で，方法で，内容で目標まで進めるかを時系列で記述します。

　ここに書き出すときに気をつけたいことは，大きく2つあります。

　一つは目標達成に向けて教師の指導言（説明，指示，発問）が多すぎないか，子どもたちの活動の種類が多すぎないかということです。子どもたちは教師の言動に振り回されすぎて主体性を発揮できなくなります。教師の指導言を常に待ち続けるようになってしまいます。

　もう一つは目標達成に向けて教師の指導言が少なすぎないか，子どもたちの活動の種類が少なすぎないかということです。主体性を発揮してもらうために教師のコントロール度を減らそうと指導言を減らしたり，たっぷり試行活動をしてもらおうと一つの活動時間を長く確保したりしても，目標に向かうための指針になる大切な働きかけが欠けていたら，子どもたちは授業の中で立ち往生します。

　つまりは，適度な教師の指導言か，適切な子どもたちの活動かを見定める必要があるわけです。この多すぎず少なすぎずを意識してもらうためには，本書の「学習の流れ」のスペースは大変適していると作成経験，実践経験をもとに感じるところです。

(3)教師の指導言を教，児童の予想される反応を児とした

　本時の授業の中で重要になる「教師の指導言」に教を，ぜひ導き出したい児童の反応を児と記述しました。

　限られたスペースの中で，教や児を記述するのはなかなか難しいことです。つまりは，そこまでして「授業の流れ」に記載したかった，記載する必要があった大切な「指導言」であり「反応」であるということです。

(4)各時間の最も大切な箇所に「網掛け（Point）」を付けた

　他の先行実践の「板書型指導案」に見られないわたしたちの「板書型指導案」独特の特長がこの各時間の最も大切な箇所に「網掛け（Point）」を付けたことです。

　各時間の最も重要な活動であり，本時の授業の目標を達成させるために，本時の授業を成立させるために絶対に欠かせない活動を意識して目立たせています。本書の「板書型指導案」を活用して授業を行う際，最低限この部分だけはおさえて授業を進めるようにして

ください。

(5) 「網掛け（Point）」部分で意識したいことを記述した

　これも上述の(4)に関わって本書が紹介する「板書型指導案」特有の表現です。各時間の一番下「本時のポイント」に記述している文章があります。これは，上述の(4)で説明した「網掛け（Point）」部分を授業で進めるときに何を意識するのか，何を確認するのかを端的に記述したものです。

　各時間で最も重要な部分に関して説明をした文章ですので，これを読むだけでも，おおまかに本時の授業がわかります。

　本書の「板書型指導案」は，全学年全単元全時間を揃えたというところが最大のウリです。理論書ではなく実際の授業に活用してもらってナンボの本です。ぜひ，いつも社会科授業の手元に置き，書き込み等をしていただきながらボロボロになるまで活用していただけましたら幸いです。

◆板書型指導案を使った授業デザイン

　「板書型指導案」に示されている「板書計画」と「授業の流れ」をもとに日常の授業を展開すればよいという説明はわかったのだけれど，今ひとつ単元を通した授業のイメージがわかないという方のために，ここでは本書の「板書型指導案」を使用した授業実践例を紹介します。

　単元は「県内の伝統や文化」です。9時間構成ですが，間の4，5，6時間を見学学習にあてています。見学学習に行くまでの1，2時間目，見学学習を終えてからの8時間目を紹介します。

1　1時間目

　「ねらい」は「埼玉県内の祭りについて関心をもち，川越まつりの特徴について調べる」です。県内という大きな範囲から地元という身近なところへ焦点を絞ります。「一般（世間）」と「地元（自分の生活）」が結びついていることを感じてもらう大切な視点です。

　最初に，埼玉県の三大祭りを取り上げます。祭りが行われる市町村の位置と観光客数について調べます。その中で，川越まつりには100万人以上の観光客が訪れることに気づかせ，どんな祭りなのか知りたいという興味・関心を抱かせます。

　その後，祭りの映像資料や図を子どもたちに提供し，「山車」と「お囃子」という川越まつりの特徴を調べるようにしました。

図1 「県内の伝統や文化」の板書型指導案1時間目

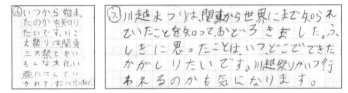

図2 1時間目の子どもたちの振り返りノート

子どもたちのノートからは「いつどこでできたのかが知りたいです」と今後の単元を通す課題をもつことができています。また，「すごいと思いました」「驚きました」とこの学習をしなかったら抱かなかった思いを書き記していることがわかります。

図3 1時間目の実際の板書

2 2時間目

「ねらい」は「川越まつりの起源や変化について文献資料や図絵，写真をもとに調べ，学習問題を考える」です。1時間目で川越まつりについての興味・関心を子どもたちに抱いてもらったあと，「いつどこでこの祭りが始まったのか」という疑問を出発点として単元全体の学習問題を考えていきます。

「なぜ始まったのか」という問いから年表を活用する学習を進めます。読み取る中で「380年前に起きた大火の復興策」であったことがわかります。そこで「昔の祭りの様子（絵図）」と「今の祭りの様子（写真）」を比較するように促します。その結果「時期や時間の経過」からの変化は見られるものの，「祭りの様子」は370年の間，ほとんど変化していないことに気づかせます。これで「370年も変わらずに祭りを続けてきたのはなぜか」という学習問題に自然につなげることができます。

1章

板書型指導案のススメ

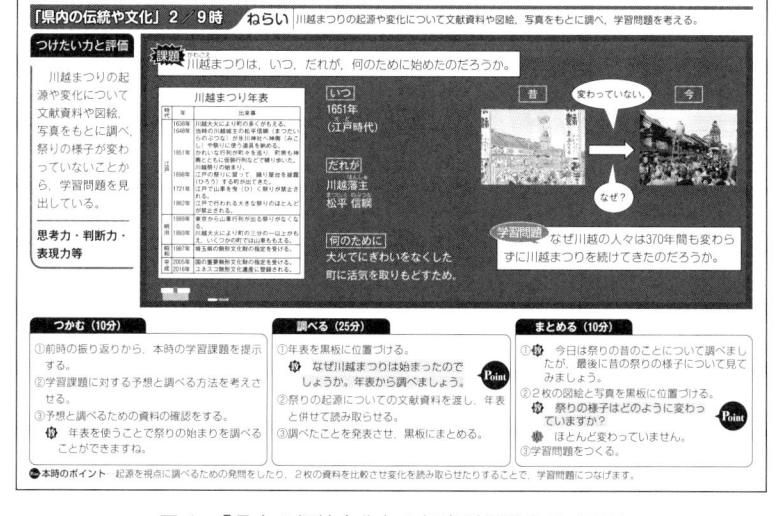

図4　「県内の伝統文化」の板書型指導案2時間目

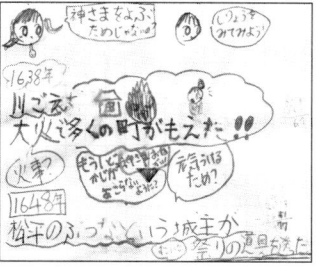 

図5　年表を読み取ったノート　　　図6　絵図と写真を比べたノート

　2時間目の子どもたちのノートが図5と図6です。

　図5は年表を読み取ったときのことを書いています。赤い文字で「大火で多くの町がもえた」という気づきを，とても大々的に記述しています。この祭りの起源はしっかりと記憶に残ることでしょう。

　図6は昔と今の祭りの様子を比較して読み取ったことを書いたノートです。白黒とカラーのちがいだけでほとんど同じであることをしっかりと感動的に書いています。

　このあと，4，5，6時間と見学学習に入りました。川越まつりの一般的な特徴と歴史的な流れについて事前に知識を入手し，かつ，370年という長い年月の間，「祭りの様子」が変わらずに続けてこられたのはどうしてだろうという多くの誰もが抱く明確な学習問題をもって見学学習に入りました。多くの子どもたちが意欲的に参加できました。

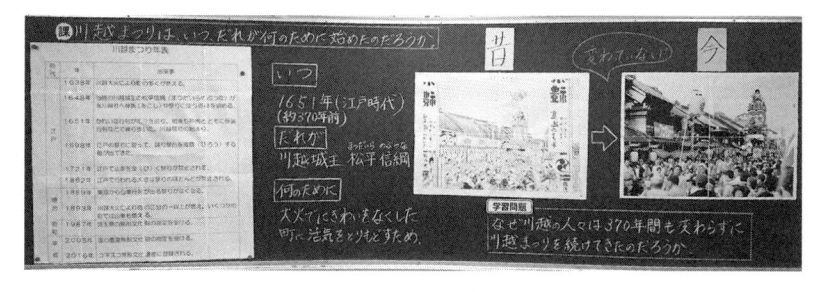

図7　2時間目の実際の板書

3　8時間目

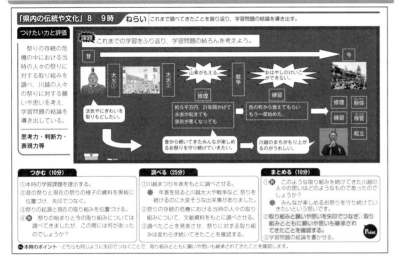

図8　「県内の伝統文化」の板書型指導案8時間目

見学学習を終えてからの7時間目を経て，8時間目。「ねらい」は「これまで調べてきたことを振り返り，学習問題の結論を導き出す」です。2時間目に子どもたちとつくった「370年も変わらずに祭りを続けてきたのはなぜか」という学習問題の解決を図ります。今まで学習してきたことを整理することで結論が導き出されるであろうという考えから，「時期や時間の経過」に着目して捉えられるように左から右側へと時系列での板書構造を考えました。

時系列で板書を記述していく段階で，その都度「祭りの起源から現在までの間には何があったのでしょうか」「現在の取り組みは昔から続いてきたのでしょうか」という発問を交えていきました。

その結果，子どもたちは，祭りが始まってから現在までの間に，大火，水害，戦争など祭りの存続に関わる危機があったことを確認し，その都度，危機を乗り越えようとする当時の人々の取り組みがあったことを知ることができました。

これら一連の学習したことをまとめるために，「このような取り組みを続けてきた人々の願いや思いはどのようなものであったのでしょうか」という発問をしました。

図9　8時間目の子どもたちの振り返りノート

子どもたちのノートには「大切なおまつりだから，守り続けたいと思った。その気持ちは昔から今までずっと続いている」とか「次の世代の人が楽しめるように守ってほしい」というように，祭りを保存，継承していく取り組みとともに人々の思いや願いも受け継がれてきたことを考えることができています。時間を越えた人々の取り組みと願いや思いを関連づけたり総合したりすることで，学習問題の結論を導き出したと言えるでしょう。

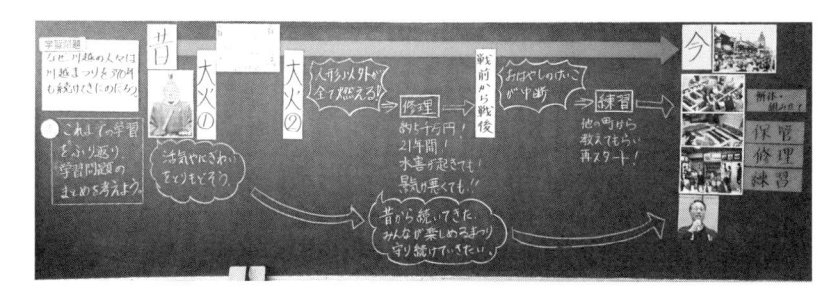

図10　8時間目の実際の板書

図11　8時間目の授業の様子

以上が，実践モデルです。

◆板書型指導案を活用するときのコツ

板書型指導案を活用するときのコツを最後に3つ挙げておきます。

1　単元全体を俯瞰しておくこと

　新しい単元に入る際，パラパラと単元分だけめくっていただき，単元の流れを把握してから1時間の授業を始めてください。前後の流れを把握した上で本時の授業を進めることで，より効果的な授業を展開できると思います。

2　とらわれすぎないこと

　板書型指導案の通りに板書をすることが本時の目的ではありません。板書型指導案はあくまでも「案」なのです。そして，この「案」は「プラン（計画）」のことを指すのであり，「プログラム（実施すると決まっていること）」のことを指すわけではありません。

　授業は「生もの」です。その時々によって，目の前にいる教師が「こうした方がよりよい」と思うことを選び取り，その先生と子どもたちでしかできない授業を創り出していってください。

3　子どもたちの考えを大切にすること

　授業の主人公は子どもたちです。

　板書にしても，教室にいる子どもたち全員が本時の目標に到達するための学びのコンパスの役割と考えます。先生方は板書型指導案という「地図」を片手に，子どもたちとのやりとりの中で実際に描いていく「板書」を通して本時の目標達成に導いてあげられるように構成していってほしいと思います。

2章 授業の流れが一目でわかる！社会科5年板書型指導案

2章

授業の流れが一目でわかる！社会科5年板書型指導案

「世界の中の国土」 1／5時

ねらい 地図帳や地球儀を活用して，世界の大陸や主な海洋を調べ，学習問題をつくり，興味・関心をもつ。

つけたい力と評価

地図帳や地球儀を活用して，世界の大陸や主な海洋を調べることを通して，学習問題をつくり，興味・関心をもとうとしている。

主体的に関わろうとする態度

課題 日本は，「世界の中でどこにある」と言えるのだろうか。

まとめ 日本は，（大陸で）　　　　　にある。
　　　　　　　（海洋で）　　　　　にある。

世界地図

◇(2)大西洋
★①ユーラシア大陸
★④アフリカ大陸
◇(3)インド洋
★⑤オーストラリア大陸
★⑥南極大陸

日本
★②北アメリカ大陸
◇(1)太平洋
★③南アメリカ大陸

学習問題 日本は世界の中で，どこにあり，どのような国土と言えるのだろうか。

つかむ（10分）

①「Google マップ」を使い，大型テレビ等に地球の衛星写真を映して見せる。

　児 地球だ。→**教** 日本はどこかな？

②どうして日本だとわかったのか，尋ねる。

　児 形で。日本地図で全体の形を見たよ。

③本時の学習課題を提示する。

④自分なりの知識や画像から，予想を書く。

調べる（10分）

①白地図と，グループごとに地球儀を配る。

②地球儀を使って，六大陸と三海洋を指でなぞり，名前を調べて白地図に書かせる。

③地図帳を使って再度，大陸と海洋の名前を確認させる。 **Point**

まとめる（25分）

①まとめとして，大陸と方位，海洋と方位の2つの視点で，日本の位置を書かせる。 **Point**

②各自が書いた説明の仕方を交流させる。

③様々な説明の仕方があることを確認し，もっと端的に説明できないか問いかける。

④学習問題をつくる。

⑤学習問題の予想を自分なりに書かせる。

本時のポイント…大陸や海洋を指でなぞらせることで，その広さを実感できます。まとめの例として，「日本は，ユーラシア大陸の東にある」「太平洋の北西にある」等。

①世界の中の国土

「世界の中の国土」2／5時

ねらい 地図帳や地球儀を活用して、各大陸における主な国を調べ、国の名称や位置、国旗を白地図にまとめる。

つけたい力と評価

地図帳や地球儀を活用して、日本の周りや各大陸における主な国を調べ、国の名称や位置、国旗を白地図にまとめている。

知識及び技能

課題 日本は、「世界の国から見てどこにある」と言えるのだろうか。

まとめ 日本は、一番近い韓国や中国と、海をはさんでとなり合っている。日本は、他の国と接していない。

- ロシア連邦
- 中華人民共和国
- 大韓民国　海をはさんで、となり
- イギリス
- [日本]　他の国と接していない。
- ドイツ
- フランス
- カナダ
- エジプト
- アメリカ合衆国
- 南アフリカ共和国
- インド
- オーストラリア
- ブラジル

つかむ（15分）

①日本の国旗を提示する。
②前時の復習（六大陸と三海洋）をする。
③本時の学習課題を提示する。
④各大陸の主な国の国旗を提示し、白地図を配る。
⑤地球儀を使った距離の測り方と方角の調べ方を説明する。　**Point**

調べる（25分）

①地図帳を使って国名と位置を、地球儀を使って日本からの距離を調べ、白地図に記入させる。
②世界の国々と日本を、「他の国との接し方」に着目して比べ、気づいたことを話し合わせる。
　ほとんどの国は、他の国と同じ大陸でつながっているよ。

まとめる（5分）

①本時のまとめを書かせる。
②各自が書いたまとめを交流させる。
③知っている国と日本との位置関係や、距離について振り返りを書かせる。

本時のポイント…地球儀を使った2点間の距離の測り方と方角の調べ方は、実際にやって見せ、その後、全員が体験できるように配慮しましょう。

2章
授業の流れが一目でわかる！社会科5年板書型指導案

「世界の中の国土」 3・4／5時

ねらい 地図帳を活用して，日本の位置や国土の範囲を調べ，日本の国土の様子を理解する。

つけたい力と評価

地図を活用して，日本の位置や国土の範囲を調べ，日本の国土の様子と緯度や経度による位置の表し方について理解している。

知識及び技能

課題 日本のはんいは，どこからどこまでなのだろうか。

日本の領土＝その国がもつ陸地

〈表し方〉
・経度（たて線）：0〜180度
・緯度（横線）：0〜90度

・西のはし　　　　　　・竹島も領土
与那国島（東経122度）
（尖閣諸島も領土）

まとめ 日本は，たくさんの島でできていて，北は北方領土から南は沖ノ鳥島，東は南鳥島，西は与那国島まで。竹島や尖閣諸島も，日本の領土の一つ。

日本は6852の島で，できている。
・北海道　・本州　・四国　・九州

・北のはし
北方領土（北緯45度）

・東のはし
南鳥島（東経153度）

・南のはし
沖ノ鳥島（北緯20度）

つかむ（20分）

①日本の写真を見せる。
　教 日本の範囲は，どこからどこまででしょう？
　児 北海道から，沖縄県まで！
　教 ちがいます。
　児 えー!?
②本時の学習課題を提示する。
③用語「領土」と，「経度，緯度」を説明する。

調べる（60分）

①白地図を使い，日本の領土に色を塗らせる。
②東西南北の端にある島の名前と，竹島，尖閣諸島を調べて，白地図に書き込ませる。
③「我が国固有の領土」である竹島，尖閣諸島，北方領土について資料を読んで理解させる。
④日本が6800を超える島々で構成されていることを資料から読み取らせる。 **Point**

まとめる（10分）

①まとめを書く際，以下のポイントに着目して指導する。
　・たくさんの島でできていること
　・東西南北の端にある島の名前
　・竹島と尖閣諸島が日本の領土であること

本時のポイント… 「尖閣諸島は一度も他国の領土になったことがない」「北方領土は，ロシアに返還を求めている」「竹島は，韓国に抗議」など，必ずおさえます。

「世界の中の国土」5／5時

2章 授業の流れが一目でわかる！社会科5年板書型指導案

ねらい これまでに学習したことをもとに、学習問題の結論について、国土の特色を考え、我が国の国土に関心をもつ。

つけたい力と評価

これまでに学習したことをもとに、学習問題の結論について、国土の特色を考え、表現している。

思考力・判断力・表現力等

課題 調べたことをもとにして、学習問題の結論（けつろん）をまとめよう。

学習問題 日本は世界の中で、どこにあり、どのような国土と言えるのだろうか。

学習問題の結論 日本は世界の中で、ユーラシア大陸の東にあり、他の国とは海をはさんでいる。たくさんの島でできており、北方領土や竹島、尖閣諸島は日本の領土である。

・ユーラシア大陸の東。
・他の国とは海をはさんでいる。
・たくさんの島でできている。
・弓のような形。
・北方領土や竹島、尖閣諸島（せんかくしょとう）などは日本の領土。

つかむ（10分）

①本時の学習課題を提示する。
②学習問題を確認する。
③これまでの学習で使用した資料を提示する。

調べる（25分）

①これまでのノートをもとに、我が国の国土の特色を調べ、グループごとに学習問題の結論を話し合い、文章にまとめさせる。
＊世界地図に0°と180°の線を引くと、日本の位置が実感しやすくなります。
②どのようにまとめたか、グループごとに発表させながら、ポイントとなる共通点を板書する。

まとめる（10分）

①板書されたポイントを見て、再度、自分の書いた学習問題の結論を見直し、足りない内容をつけ足させる。
②単元のはじめに書いた予想と比べてどうであったかについて、振り返りを書かせる。

本時のポイント…書くことが困難な子どもには、「予想ではこう考えたけど、実際は同じで／ちがっていて…」と文型を示してあげるとよいでしょう。

「国土の地形の特色」 1／3時

ねらい 地図帳や写真から，国土の地形が場所によってちがうことに気づき，学習問題をつくり，興味・関心をもつ。

2章
授業の流れが一目でわかる！社会科5年板書型指導案

つけたい力と評価

地図帳や写真を活用して，国土の地形が場所によってちがうことに気づいたことから学習問題をつくり，興味・関心をもとうとしている。

主体的に関わろうとする態度

課題 日本の地形について調べ，学習問題をつくろう。

学習問題 日本の地形は，場所によってどのようなちがいがあるのだろうか。

北海道
とかち
十勝平野

徳島県
いや
祖谷地方

千葉県
くじゅうくりはま
九十九里浜

長崎県
くじゅうくしま
九十九島

世界の海岸線ランキング
1位　カナダ　（約20万km）
2位　ノルウェー　（約8万km）
3位　インドネシア　（約5万km）
4位　ロシア　（約3万7千km）
5位　フィリピン　（約3万6千km）
6位　日本　（約3万km）

日本と世界の河川の比較
ひかく

・場所によって，地形が全然ちがう。
・海岸線が長い＝島が多い。海岸がギザギザ。
・川が短くて流れが急。

つかむ（10分）

①4枚の写真を提示し，すべて日本国内であることを伝える。

教 見比べてみて，どんなことに気づくかな。

児 全然ちがう。山とか海とか…。

教 いいところに目をつけているね。それを，「地形」と言います。 **Point**

②本時の学習課題を提示する。

調べる（10分）

①「世界の海岸線ランキング」を国名は隠して提示し，地図帳の世界地図を見て予想させる。

教 なぜ，世界と比べて日本の領土は小さいのに，海岸線の長さが6位なのかな？

②「日本と世界の河川の勾配比較」を提示し，今日の6つの資料から気づいたことをノートに書かせる。

まとめる（25分）

①ノートに書いた気づきを発表させ，学習問題をつくる。

②学習問題の予想を自分なりに書かせる。

本時のポイント…見方・考え方を育てるためには，できている子をその場で褒めることが大切です。用語を出すときは，子どもの言葉を言い換えて提示してあげましょう。

「国土の地形の特色」 2・3／3時

ねらい 地図帳を活用し，主な山地や火山，平地，河川などについて白地図にまとめ，学習問題の結論を考える。

つけたい力と評価

地図帳を活用して，主な山地や火山，平地，河川などについて白地図にまとめ，学習問題の結論を考え，表現している。

思考力・判断力・表現力等

課題 日本の地形について白地図にまとめ，学習問題の結論をまとめよう。

学習問題の結論 日本の地形の4分の3は山地で背骨のようになっていて，火山も多い。平地は少なく，はばもせまいので，川の流れが急である。

＜山地と火山＞
・国土の4分の3
・真ん中に集まっている。
　＝「背骨」
・日本：火山が多い。
　1位：アメリカ（174個）
　2位：ロシア（156個）
　3位：インドネシア（130個）
　4位：日本（111個）

＜平地と河川＞
・平地：少ない。
・どの平野にも，大きな川。
・川：長さが短くて，流れが急。
　（理由）山地が海の近くまでせまっているから。（平地のはばがせまい）

つかむ（10分）

①白地図を配布し，本時の学習課題を提示する。
　＊名前を調べさせたい主な山地，火山，平地，河川を印刷しておくとよい。
　日高山脈，奥羽山脈，越後山脈，関東山地
　飛騨山脈，木曽山脈，赤石山脈，紀伊山地
　中国山地，四国山地，筑紫山地，九州山地
　＊平地と河川は「まとめる」の欄に記載→

調べる（60分）

①地図帳や教科書を使い，白地図に作業をさせる。 ＊終わった子は，色を塗らせる。 **Point**
②山地，火山，平地，河川について気づいたことを話し合い，板書する。
　教 結局，日本の国土の特色は，何だろう？
　児 山が多い。川や火山も。平地は少ない。

まとめる（20分）

①学習問題の結論を書かせ，交流し合わせる。
　十勝平野：十勝川，石狩平野：石狩川
　庄内平野：最上川，仙台平野：北上川
　越後平野：信濃川，関東平野：利根川
　松本盆地，濃尾平野：木曽川，奈良盆地，
　大阪平野：淀川，筑紫平野：筑後川
　宮崎平野：大淀川

本時のポイント…配慮を要する子には，地図帳では情報量が多すぎるので，教科書の方が探しやすくなります。白地図をつくる際，教科書とズレがないようにしましょう。

2章 授業の流れが一目でわかる！社会科5年板書型指導案

「低い土地のくらし」 1／5時

ねらい 海津市の土地の様子を調べたことから，学習問題をつくり，低い土地のくらしに興味・関心をもつ。

つけたい力と評価

海津市の土地の様子を調べることを通して，学習問題をつくり，低い土地のくらしに興味・関心をもとうとしている。

─────

主体的に関わろうとする態度

課題 岐阜県海津市の様子を調べ，学習問題をつくろう。

岐阜県海津市：海抜０ｍ以下のところもある。

川の水より低い！

堤防　　　堤防
いび川　　　　　　　　　長良川

西江小学校
＝高い堤防

学習問題 低い土地である海津市に住む人々は，どのようなくらしをしているのだろうか。

・洪水のときは，どうするのか？
・どうやって守っているのか？
・苦労，大変さ，昔は？

濃尾平野…３つの大きな川
・いび川
・長良川　｝　はさまれている。
・木曽川　｝　＝「輪中」
　　　　　　昔から水害多い。

つかむ（10分）

①「Googleマップ」を使い，大型テレビ等に地球の衛星写真を映し，拡大していく。
②岐阜県海津市の航空写真を映し出す。
③土地の様子を表す図を提示する。
　教 この図を見て，何か大変なことに気づきませんか？→児 川よりも低い！ **Point**
④本時の学習課題を提示する。

調べる（25分）

①教 地図帳で岐阜県海津市を見つけよう。
②平野と流れている川の名前を答えさせる。
③西江小学校の写真を提示し，堤防高が校舎の２階よりも高い様子に気づかせる。 **Point**
④教 （３つの川を俯瞰する写真を見せて）海津市は，どのような様子なのだろうね？
⑤輪中と水害が多いことを読み取らせる。

まとめる（10分）

①調べたことから，疑問に思ったことをノートに書かせ，発表させる。
②板書した疑問から，学習問題をつくる。
③学習問題の予想を書かせる。

Point 本時のポイント…低い土地であることに繰り返し着目させ，問題意識を高めます。図からなかなか気づけない場合は，上のように点線を引くと思考が促されます。

「低い土地のくらし」 2／5時

ねらい　海津市の人々の水害を防ぐ取り組みを調べ，人々が昔から様々な工夫や努力をしてきたことを理解する。

つけたい力と評価

海津市の人々の水害を防ぐ取り組みを調べることを通して，人々が昔から様々な工夫や努力をしてきたことを理解している。

知識及び技能

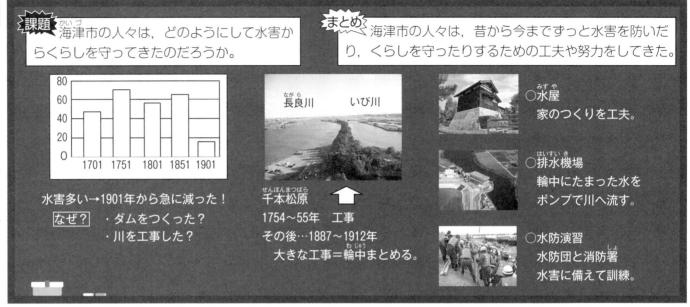

課題　海津市の人々は，どのようにして水害からくらしを守ってきたのだろうか。

まとめ　海津市の人々は，昔から今までずっと水害を防いだり，くらしを守ったりするための工夫や努力をしてきた。

水害多い→1901年から急に減った！
【なぜ？】・ダムをつくった？
・川を工事した？

長良川　いび川
千本松原
1754～55年　工事
その後…1887～1912年
大きな工事＝輪中まとめる。

○水屋
　家のつくりを工夫。

○排水機場
　輪中にたまった水をポンプで川へ流す。

○水防演習
　水防団と消防署
　水害に備えて訓練。

つかむ（10分）

①海津市の水害発生件数の移り変わりをグラフから読み取らせる。
　＊グラフ部分を隠しておき，順番に見せる。
②水害が急に減った理由を予想させる。
　㊙　4年生で学習したことを思い出して。
　＊既習（ダム，自然災害）
③本時の学習課題を提示する。

調べる（25分）

①千本松原の写真を見せ，人の手による堤防であることに気づかせ，歴史を調べさせる。
②水屋，排水機場，水防演習の3枚の写真を提示し，それぞれどのような工夫なのか，何のために必要なのかを考え，話し合わせる。

まとめる（10分）

①本時のまとめを書かせる。
　㊙　文の最後に，「例えば」と続けて，具体的な工夫や努力を1つ，説明しましょう。

本時のポイント…4年「くらしと水」で，ダムが水害を防ぐことを学習しています。「自然災害から人々を守る活動」で水害を扱っている場合は，そのまま既習を生かせます。

2章

授業の流れが一目でわかる！社会科5年板書型指導案

「低い土地のくらし」3／5時

ねらい 海津市の農業の工夫について調べ、人々が豊かな水を生かして発展させてきたことを理解する。

つけたい力と評価

海津市の農業の工夫について調べることを通して、人々が豊かな水を生かして発展させてきたことを理解している。

知識及び技能

課題 海津市の農業は、どのように水を利用しているのだろうか。

まとめ 海津市の農業は、水田や水路を工事することで、水を生かせるように工夫し、発展してきた。

（グラフ：稲 2000／大豆／麦類／果物／野菜）

・稲＝米づくり　・大豆、麦
　水◎　　　　　水はけ× → 排水機場？
ところが…
入り組んだ水田× → 苦労 → 工事？

昔 → 今

工事
・水田
　形、広さ
・水路

ぐちゃぐちゃ	水田の形	四角い
曲がりくねっている	水路	まっすぐ
作業しにくい	作業しやすさ	機械で作業できる

→ 水を生かす
栄養のある土
→発展！

つかむ（10分）

①海津市の主な農作物の作付面積をグラフから読み取らせる。
　＊グラフ部分を隠しておき、順番に見せる。
　＊大豆や麦は水はけのよい土地で育つことを説明し、矛盾していることに気づかせる。
②理由を予想させる。
③本時の学習課題を提示する。

調べる（25分）

①「今昔マップ on the web」により、海津市の昔と今の地図を見比べ、田や水路の形が違うことに気づかせる。**Point**
②ちがいを表に整理し、資料から工事をした事実を調べさせる。
③「洪水が栄養のある土を運んでくる」ことを資料から読み取らせる。

まとめる（10分）

①本時のまとめを書かせる。

＊パイプラインの整備や、市内の排水機場・排水路などの数や位置を地図で調べるなど、実態に合わせて資料を増やしてもよい。

Point 本時のポイント…資料は、「今昔マップ on the web」より作成しました。昔と今の地図を見比べさせる際に拡大や縮小もでき、非常に便利なサイトです。

30

「低い土地のくらし」 4／5時

ねらい　海津市役所の取り組みについて調べ，豊富な水や河川を資源として有効活用していることを理解する。

つけたい力と評価

海津市役所の取り組みについて調べ，豊富な水や河川を資源として有効活用していることを理解している。

知識及び技能

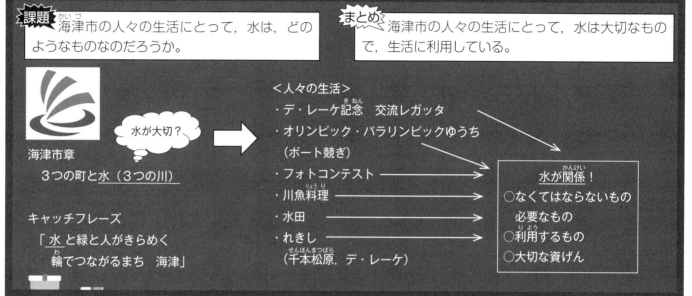

課題　海津市の人々の生活にとって，水は，どのようなものなのだろうか。

まとめ　海津市の人々の生活にとって，水は大切なもので，生活に利用している。

海津市章
　3つの町と水（3つの川）

水が大切？

キャッチフレーズ
　「水と緑と人がきらめく
　　輪でつながるまち　海津」

＜人々の生活＞
・デ・レーケ記念　交流レガッタ
・オリンピック・パラリンピックゆうち
　（ボート競ぎ）
・フォトコンテスト
・川魚料理
・水田
・れきし
　（千本松原，デ・レーケ）

水が関係！
○なくてはならないもの
　必要なもの
○利用するもの
○大切な資げん

つかむ（10分）

①海津市の市章を提示する。
　教　これは，何をイメージしているのかな？
②市のキャッチフレーズを「水」を隠して提示し，どんな言葉が入るか考えさせる。
③本時の学習課題を提示する。
④市のイベント，オリンピック・パラリンピック誘致，川魚料理などの資料を配布する。

調べる（20分）

①グループごとに配られた資料を調べ，課題について話し合わせる。
　教　つまり，海津市の人々の生活にとって，水は，どのようなものなのでしょうか？
　＊共通点を話し合う中で，意味を考えさせる。
②話し合った結果を発表し合わせる。

まとめる（15分）

①本時のまとめを書かせる。
②海津市役所のホームページから，PR動画を視聴させる。（すべて観ると5分強）
　教　自分のまとめと比べながら観ましょう。
③まとめの文章で足りない内容があったら，書き足させる。

本時のポイント…動画を視聴する際に，「水を利用している」というまとめが視点となることで，資料以外にも様々に利用していることに気づかせ，学習を深めます。

2章 授業の流れが一目でわかる！社会科5年板書型指導案

「低い土地のくらし」 5／5時

ねらい 調べたことをもとにして，海津市の人々のくらしについて学習問題の結論を考える。

つけたい力と評価

これまでに調べたことをもとにして，海津市の人々のくらしについて学習問題の結論を考え，意欲的に「ふりかえりシート」にまとめようとしている。

主体的に関わろうとする態度

課題 調べたことをもとに，「ふりかえりシート」に整理し，学習問題の結論をまとめよう。

ふりかえりシート

	低い土地のくらし（岐阜県 海津市）
気候や地形の特色	・3つの川（いび川，木曽川，長良川）と高い堤防に囲まれている。 ・海抜0mよりも低い土地＝輪中 ・昔から水害が多い。
くらしの工夫や特色	・堤防や千本松原，川や田畑の工事をしてきた。 ・水屋で高い位置に家。 ・排水機場でたまった水を出す。 ・水や川を生かしたイベントや料理など

学習問題の結論 低い土地である海津市に住む人々は，様々な工夫や努力をして，水害からくらしを守ったり，水や川を農業や生活に生かしたりしている。

海津市のキャッチコピー

つかむ（10分）

①本時の学習課題を提示する。
②これまでの学習で使った資料を見ながら，学習内容を振り返らせる。
③「ふりかえりシート」を配布する。

調べる（20分）

①「ふりかえりシート」に学んだことを整理させる。
②互いにまとめた内容を交流させる。

まとめる（15分）

①学習問題の結論を話し合わせる。
②海津市のキャッチコピーをつくり，互いに交流し合わせる。 **Point**
③短冊状に切った紙を用意しておき，キャッチコピーができた子からマジックで書かせ，板書に貼り付け，読み合わせる。

本時のポイント…キャッチコピーは廊下や教室に掲示しておき，いつでも互いに読み合えるような環境を整えておきます。

32

2章 授業の流れが一目でわかる！社会科5年板書型指導案

「国土の気候の特色」1／3時

ねらい 写真や雨温図から，国土の気候が場所によってちがうことに気づき，学習問題をつくり，興味・関心をもつ。

つけたい力と評価

写真や雨温図を活用して，国土の気候が場所によってちがうことに気づいたことから学習問題をつくり，興味・関心をもとうとしている。

主体的に関わろうとする態度

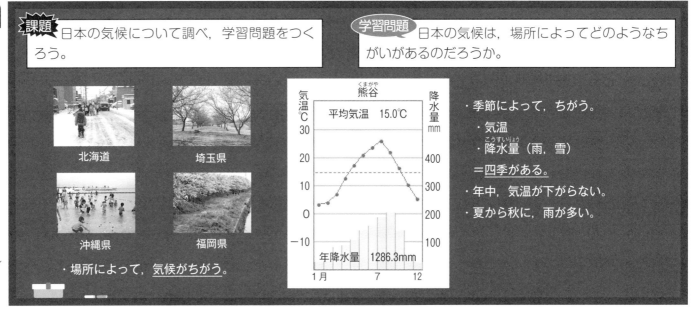

課題　日本の気候について調べ，学習問題をつくろう。

学習問題　日本の気候は，場所によってどのようなちがいがあるのだろうか。

北海道　埼玉県
沖縄県　福岡県

・場所によって，気候がちがう。

熊谷
平均気温　15.0℃
年降水量　1286.3mm

・季節によって，ちがう。
　・気温
　・降水量（雨，雪）
　＝四季がある。
・年中，気温が下がらない。
・夏から秋に，雨が多い。

つかむ（10分）

①4枚の写真を提示し，すべて同じ3月の様子であることを伝える。
　教　見比べてみて，どんなことに気づくかな？
　児　全然ちがう。季節や天気がちがう。
　教　いいところに目をつけているね。それを，「気候」と言います。
②本時の学習課題を提示する。

調べる（25分）

①4枚の写真から気づいたことを板書する。
②自分たちの住む都道府県の雨温図を提示し，用語「雨温図」と，読み方を教える。　**Point**
③雨温図から読み取った情報を自分のノートに書かせる。
④発表し合わせる。
　＊日本には，四季があることに触れる。

まとめる（10分）

①学習問題をつくる。
②学習問題の予想を自分なりに書かせる。

本時のポイント…次時に他の都道府県の雨温図と自分たちの住む都道府県の雨温図とを比べられるように，ここで読み方を扱っておきます。

2章

授業の流れが一目でわかる！社会科５年板書型指導案

「国土の気候の特色」２・３／３時

ねらい 雨温図を読み取り，日本の６つの気候について白地図にまとめ，学習問題の結論を考える。

つけたい力と評価

雨温図を読み取り，日本の６つの気候について白地図にまとめ，学習問題の結論を考え，表現している。

思考力・判断力・表現力等

課題 日本の気候について白地図にまとめ，学習問題の結論（けつろん）をまとめよう。

学習問題の結論 日本の気候は，主に６つある。国土や地形，季節風や台風，梅雨などが関係して地域によって気候がちがっている。

＜６つの気候と特色＞
・北海道の気候（寒い）
・日本海側　〃（冬に雪多い）
・太平洋側　〃（夏に雨多い）
・中央高地　〃（気温差大）
・瀬戸内海（せ と ないかい）　〃（雨少ない）
・南西諸島（しょとう）　〃（あたたかい）
気候は，地域（ち いき）によってちがう。

冬
季節風
夏
台風

＜なぜ，地域によって気候がちがう？＞
○地形…土地の高さ
　　　　山地，海
○台風や梅雨…時期，場所
○季節風…日本海側⇔太平洋側
○国土…南北に長い

気温下がる。
山地
平野
北
約3000km
南

つかむ（10分）

①白地図を配布し，本時の学習課題を提示する。
　＊あらかじめ，６つの気候を表す雨温図と，分布を印刷しておく。

調べる（70分）

①雨温図を読み取り，白地図の色を塗らせる。
②６つの気候について，特色を話し合わせる。
　＊前時で扱った自分たちの住んでいる地域の雨温図と比較させる。**Point**
③なぜ，地域によって気候が異なるのか，話し合わせ，最後に資料から読み取らせて，板書する。

まとめる（10分）

①学習問題の結論を書かせ，交流し合わせる。

Point 本時のポイント…配慮を要する子には，雨温図を気温と降水量，それぞれ分けて考えさせましょう。その際，地域の雨温図と，どこがちがっているかを考えさせます。

34

2章 「あたたかい土地のくらし」 1／5時

ねらい　沖縄県の家の様子を調べたことから、学習問題をつくり、あたたかい土地のくらしに興味・関心をもつ。

つけたい力と評価

沖縄県の家の様子を調べることを通して、学習問題をつくり、あたたかい土地のくらしに興味・関心をもとうとしている。

主体的に関わろうとする態度

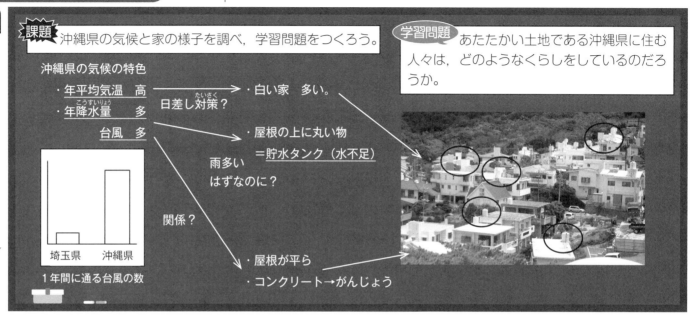

課題　沖縄県の気候と家の様子を調べ、学習問題をつくろう。

学習問題　あたたかい土地である沖縄県に住む人々は、どのようなくらしをしているのだろうか。

沖縄県の気候の特色
- 年平均気温　高
- 年降水量　多
- 台風　多

日差し対策？　→ ・白い家　多い。

・屋根の上に丸い物　＝貯水タンク（水不足）

雨多いはずなのに？

関係？

・屋根が平ら
・コンクリート→がんじょう

1年間に通る台風の数（埼玉県／沖縄県）

つかむ（10分）
①「Googleマップ」を使い、大型テレビ等に地球の衛星写真を映し、拡大していく。
②沖縄県那覇市の航空写真を映し出す。
③「国土の気候の特色」で使った那覇市の雨温図を提示し、気候の特色を振り返る。**Point**
④「1年間に通る台風の数」を提示する。
⑤本時の学習課題を提示する。

調べる（25分）
①沖縄県の家の写真を提示し、気づいたことをノートに書き出させる。
②気づいたことを、気候の特色と関連づけて話し合わせる。
　児　どの屋根にも丸い物がのってるよ。
　教　これは、水不足に備えた貯水タンクです。
　児　雨が多いのに、どうして？

まとめる（10分）
①調べたことから、疑問に思ったことをノートに書かせ、発表させる。
②板書した疑問から、学習問題をつくる。
③学習問題の予想を書かせる。

本時のポイント…既習である気候の特色について、全員でしっかりと確認しておくと、家の様子と関連づけた気づきや疑問が生まれやすくなります。

2章
授業の流れが一目でわかる！社会科5年板書型指導案

「あたたかい土地のくらし」 2／5時

ねらい 沖縄県の家の工夫について調べ、気候に合わせたくらしをしていることを理解する。

つけたい力と評価

　沖縄県の家の工夫について調べ、気候に合わせたくらしをしていることを理解している。

知識及び技能

課題 沖縄県の家には、どのような工夫があるのだろうか。

まとめ 沖縄県の家のつくりは、気候に合わせた工夫をしている。

今

・コンクリートづくり
・平らな屋根
・貯水タンク
・白いかべ

昔

・低い屋根
・家のまわりのふくぎ
・家のまわりの石がき
・げんかん前のひんぷん
・風通しのよいつくり

◎水不足に備える。

◎台風
　強い風に強い。

◎暑さ
　強い日差しを防ぐ。

家のつくり
＝気候に
　合わせた
　工夫

つかむ（10分）

①前時に使った今の住宅の写真と、昔の住宅の写真を提示する。

教 昔と今、沖縄県の家には、どのような工夫があるのかな？

②本時の学習課題を提示し、予想を書かせる。

調べる（25分）

①2枚の写真をグループごとに配り、自分たちの地域の家のつくりと比べて、ちがっている特徴を話し合わせる。

②気づいたことを発表し合い、何のためにそのようなつくりなのか、話し合わせる。

③教科書や資料から、工夫の意味を読み取らせ、板書に線で結ぶ。 **Point**

まとめる（10分）

①つまり、どのような工夫と言えるか、一言でまとめる言葉を話し合わせる。

②本時のまとめを書かせる。

Point 本時のポイント…上下に分ける／線で結ぶ／チョークの色を変えるなどの板書の工夫をすることで、視覚的に見やすく、思考を促す効果が期待できます。

36

「あたたかい土地のくらし」 3／5時

ねらい 沖縄県の農業の工夫について調べ，あたたかい気候を生かしていることを理解する。

つけたい力と評価

沖縄県の農業の工夫について調べ，あたたかい気候を生かしていることを理解している。

知識及び技能

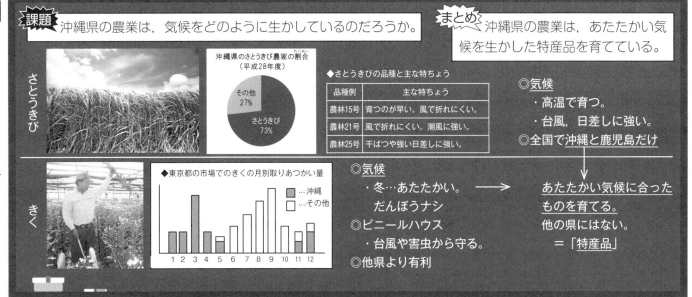

課題 沖縄県の農業は，気候をどのように生かしているのだろうか。

まとめ 沖縄県の農業は，あたたかい気候を生かした特産品を育てている。

さとうきび

沖縄県のさとうきび農家の割合（平成28年度）
- その他 27%
- さとうきび 73%

◆さとうきびの品種と主な特ちょう

品種例	主な特ちょう
農林15号	育つのが早い。風で折れにくい。
農林21号	風で折れにくい。潮風に強い。
農林25号	干ばつや強い日差しに強い。

◎気候
・高温で育つ。
・台風，日差しに強い。
◎全国で沖縄と鹿児島だけ

きく

◆東京都の市場でのきくの月別取りあつかい量
…沖縄
…その他

◎気候
・冬…あたたかい。 → だんぼうナシ
◎ビニールハウス
・台風や害虫から守る。
◎他県より有利

あたたかい気候に合ったものを育てる。
他の県にはない。
＝「特産品」

つかむ（10分）

① 沖縄県で有名な農作物は何かを問い，さとうきびときくの写真を提示する。
② 「低い土地のくらし」で，地形を生かした農業が行われていたことについて振り返らせる。
③ 本時の学習課題を提示する。
④ 予想をノートに書かせる。

調べる（25分）

① 資料「さとうきび農家の割合」と「品種と主な特ちょう」と，気候との関連を読み取らせる。
　教 なぜ，さとうきびを栽培しているのかな？
② 資料「東京都の市場でのきくの月別取りあつかい量」と，気候との関連を読み取らせる。
　教 資料から気づいたことはあるかな？
　教 なぜ沖縄のきくは時期がちがうのかな？

まとめる（10分）

① 2つに共通することを話し合い，本時のまとめを書かせる。 **Point**
　児 あたたかい気候に合ったものを育てている。
　児 沖縄県だからできる農業をしているよ。
② 用語「特産品」をおさえる。
　教 それを「特産品」と言います。

本時のポイント…視覚的に比較しやすくするために，板書を上下に分けています。これにより，子どもたちの思考の流れが，課題からまとめへと流れやすくなります。

2章

授業の流れが一目でわかる！社会科5年 板書型指導案

「あたたかい土地のくらし」 4／5時

ねらい 沖縄県の自然環境や文化，観光業について調べ，気候や自然，文化を生かしていることを理解する。

つけたい力と評価

沖縄県の自然環境や文化，観光業の工夫について調べ，気候や自然，文化を生かしていることを理解している。

知識及び技能

課題 沖縄県には，どうして多くの観光客がおとずれるのだろうか。

まとめ 沖縄県では，豊かな自然や気候，歴史や文化を観光に生かしているから。でも，その一方で問題も起きている。

沖縄県の年間観光客数
（万人）

多くの観光客
年々増えている。

・豊かで美しい自然
　海，森，生き物
・あたたかい気候

・古い歴史
・伝統的な文化
　おどり，歌，料理

問題も発生！
・リゾート開発
・海のよごれ
・生き物の減少

でも…

観光に
生かしている。

つかむ（10分）

①資料「沖縄県の年間観光客数」を提示し，毎年，多くの観光客が訪れていることを読み取らせる。

②本時の学習課題を提示する。

③予想をノートに書かせる。

＊行ったことがある児童に「沖縄のここがよかった」を語らせて参考にさせてもよい。

調べる（25分）

①4つの資料を提示し，教科書などからその魅力を読み取り，ノートにまとめさせる。

教 それぞれの資料から沖縄県の魅力を読み取り，「～な〇〇」と一言でまとめよう。

②どんな言葉でまとめたか，友達と交流し合い，発表させる。 **Point**

児 「豊かな自然」です。なぜかと言うと…

まとめる（10分）

①「様々な魅力を観光に生かしている」ことについて話し合い，一方で問題も発生していることについて資料から読み取らせる。

②本時のまとめを書かせる。

Point 本時のポイント…一言で表現させ，キーワード「自然・気候・歴史・文化」を引き出します。児童から出ないときは，「それは，伝統と言います」と置き換えるとよいでしょう。

「あたたかい土地のくらし」 5／5時

ねらい 調べたことをもとにして，沖縄県の人々のくらしについて学習問題の結論を考える。

つけたい力と評価

これまでに調べたことをもとにして，沖縄県の人々のくらしについて学習問題の結論を考え，意欲的に「ふりかえりシート」にまとめようとしている。

主体的に関わろうとする態度

板書

課題 調べたことをもとに，「ふりかえりシート」に整理し，学習問題の結論をまとめよう。

ふりかえりシート

	あたたかい土地のくらし（沖縄県）	低い土地のくらし（岐阜県 海津市）	
気候や地形の特色	・1年中あたたかい。 ・夏は暑く，日差しも強い。 ・台風が多い。 ・豊かな自然（海や森）が多い。	・3つの川（いび川，木曽川，長良川）と高い堤防に囲まれている。 ・海抜0mよりも低い土地＝輪中 ・昔から水害が多い。	
くらしの工夫や特色	・気候を生かした農業 ・自然や文化，歴史を生かした観光業 ・台風や日差しに強い家 ・伝統的なおどりや歌，料理など	・堤防や千本松原，川や田畑の工事をしてきた。 ・水屋で高い位置に家。 ・排水機場でたまった水を出す。 ・水や川を生かしたイベントや料理など	

学習問題の結論 あたたかい土地である沖縄県に住む人々は，様々な工夫や努力をして，台風からくらしを守ったり，気候や自然，文化などを生活や産業に生かしたりしている。それは，低い土地のくらしと似ている。

＜2つの地域に共通すること＞
・気候や地形，自然などを産業に生かしている。（みりょくに変えている。）
・工夫して問題をのりこえてきた。
・くらし方も気候や地形の特色に合わせている。

つかむ（10分）

①本時の学習課題を提示する。
②これまでの学習で使った資料を見ながら，学習内容を振り返らせ，「低い土地のくらし」で書いた「ふりかえりシート」を配布する。

調べる（20分）

①「ふりかえりシート」に学んだことを整理させる。
②互いにまとめた内容を交流させる。

まとめる（15分）

①学習問題の結論を話し合わせる。
②「ふりかえりシート」を見ながら，2つの地域に共通することを話し合わせる。
③学習問題の結論をまとめさせる。

本時のポイント…「ふりかえりシート」を使い，「低い土地のくらし」と比べて共通点を考えることで，人々が地形や気候の特色を生かしてくらしていることに気づかせます。

2章 授業の流れが一目でわかる！社会科5年板書型指導案

「くらしを支える食料生産」 1／6時

ねらい 和食の材料を調べたことから，学習問題をつくり，日本の食料生産と産地に興味・関心をもつ。

つけたい力と評価

和食の材料を調べることを通して，学習問題をつくり，日本の食料生産と産地に興味・関心をもとうとしている。

主体的に関わろうとする態度

課題 料理に使われている材料を調べ，学習問題をつくろう。

学習問題 わたしたちが食べている食料品は，どこでつくられているのだろうか。

先生のある日の夕飯

川 — 鮭（さけ） — 焼き鮭
予想 外国？ — 海
予想 田んぼ — 米 — ごはん
新潟県
豚（ぶた）をかう — 肉 — 豚汁（とんじる）

ひじき — 海そう — 海
にんじん
大豆
切干大根（きりぼし）
じゃがいも — 大根
野菜 — 畑
北海道 予想

つかむ（10分）

①食事の写真を提示し，興味をもたせる。

教 ある日の先生の夕飯です。

②献立を説明しながら，写真の周囲に板書していく。

③本時の学習課題を提示する。

④子どもたちにも同じ写真を配布し，ノートの真ん中に貼らせる。

調べる（25分）

①ウェビングマップを使って，材料について調べることを説明する。

②「ごはん」を例に，書き方を確認する。

③各自で写真から使われている材料を読み取って，ウェビングマップを広げて書かせる。

④発表し合わせる。

まとめる（10分）

①板書したウェビングマップから，田んぼや畑，海などのその先を問いかける。

②「どこでつくられているのか？」を引き出し，学習問題をつくる。

③学習問題の予想を書かせる。

④事前に集めておいたスーパーマーケットなどのチラシを配布し，予想を立てるヒントにさせる。 **Point**

本時のポイント…予想を立てる際は，児童の生活経験や既存知識，資料などから考えさせます。ここでは，「チラシ」という生活経験をもとに予想を立てさせます。

2章 授業の流れが一目でわかる！社会科5年板書型指導案

「くらしを支える食料生産」 2／6時

ねらい 日本の米の主な産地を調べ，米づくりのさかんな地域とその特色を理解する。

つけたい力と評価

日本の米の主な産地を調べ，米づくりのさかんな地域とその特色を理解している。

知識及び技能

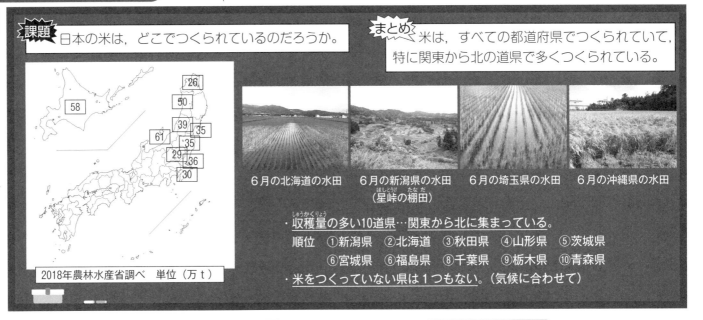

課題 日本の米は，どこでつくられているのだろうか。

まとめ 米は，すべての都道府県でつくられていて，特に関東から北の道県で多くつくられている。

6月の北海道の水田　6月の新潟県の水田（星峠の棚田）　6月の埼玉県の水田　6月の沖縄県の水田

・収穫量の多い10道県…関東から北に集まっている。
　順位　①新潟県　②北海道　③秋田県　④山形県　⑤茨城県
　　　　⑥宮城県　⑥福島県　⑧千葉県　⑨栃木県　⑩青森県
・米をつくっていない県は1つもない。（気候に合わせて）

2018年農林水産省調べ　単位（万t）

つかむ（10分）

① 前時の学習を振り返り，本時は米を扱うことを伝え，学習課題を提示する。
② 日本の白地図を配布し，米をつくっている都道府県の名前を予想し，書き出させる。　**Point**
③ 書き出した都道府県名について，なぜそう考えたのか，何名かに説明させる。

調べる（25分）

① 米の主な産地と収穫量を示した日本地図について読み取り，特色を話し合わせる。
　 米づくりがさかんな道県を見て，気づいたことはありますか？
② 都道府県別収穫量を配布し，読み取らせる。
③ 同じ6月の全国各地の水田の写真を提示し，気候に合わせていることを話し合わせる。

まとめる（10分）

① 本時のまとめを書かせる。
② 用語「水田」「稲（水稲）」と，米は稲の実であることをおさえる。

＊家庭で食べている米の袋を集めることを児童に伝えておく。（次の小単元で使用する）

本時のポイント…予想をもとに，「米づくりをしていない都道府県は1つもない」という多くの児童にとって意外性のある事実と，東北地方が中心であることにつなげます。

「くらしを支える食料生産」 3／6時

ねらい 日本の農作物の主な産地を調べ，それぞれのさかんな地域とその特色を理解する。

つけたい力と評価

日本の農作物の主な産地を調べ，それぞれのさかんな地域とその特色を理解している。

知識及び技能

課題 日本の農作物は，どこでつくられているのだろうか。

まとめ 農作物は，それぞれに合った気候や地形の地域でさかんにつくられている。

農作物の生産額の変化
米，野菜，果物，畜産物（肉，牛乳など）

（グラフ）
12 11.7兆円 11.5兆円
1.6兆円（14%）
3.3（28%）
0.9（8%）
2.0（17%）
3.9（34%）
9.1兆円
8.5兆円 8.1兆円 8.2兆円
その他 畜産 果実 野菜 米
1.0兆円（12%）
2.6兆円（31%）
0.7兆円（9%）
2.1兆円（26%）
1.8兆円（22%）
昭和59年（1984） 平成2（1990） 12（2000） 20（2008） 22（2010） 23（2011）

資料 農林水産省「生産農業所得統計」
注：その他は，麦類，雑穀，豆類，いも類，花き，工芸作物，その他作物，加工農産物の計。

・畜産…広い土地が必要（北海道，九州地方）

・果物…みかん→あたたかい気候（和歌山県，静岡県）
　　　　りんご→すずしい気候（青森県，長野県）

・野菜…高原や北海道　→すずしい気候に向いた野菜づくり
　　　　宮崎県や高知県→あたたかい気候で冬に野菜づくり

・米…減ってきている。（30年前の半分以下）

・全体の生産額も減ってきている。

つかむ（10分）

①第1時の学習を振り返り，本時は農作物を扱うことを伝え，学習課題を提示する。

②用語「農作物」の意味をおさえる。

③資料「農業生産額の変化」を配布する。

調べる（25分）

①生産額を読み取り，ノートにまとめさせる。

②地図帳を使い，主な農作物の産地を調べ，地形や気候との関連について話し合わせる。

教 なぜ畜産は北海道や九州地方でさかんなのかな？　ヒントを言える人？

児 地形です。

児 そうか！　牧場で広い土地が必要だ！

まとめる（10分）

①本時のまとめを書かせる。

②米と農作物全体の生産額が年々減ってきていることを，グラフから読み取らせる。

③本時の振り返りを，②について考えたことについて書かせる。

Point

Point 本時のポイント…次時以降，食料品の輸入について学習する際に扱う，食料自給率に関わる気づきや疑問をここで書かせておきます。

2章 授業の流れが一目でわかる!社会科5年板書型指導案

「くらしを支える食料生産」 4／6時

ねらい 輸入割合が多い食料品の輸入先を調べて白地図に表し，輸入先の広がりに気づく。

つけたい力と評価

輸入割合が多い食料品の輸入先を調べて白地図に表し，日本の食料品の輸入先が世界中に広がっていることに気づいている。

思考力・判断力・表現力等

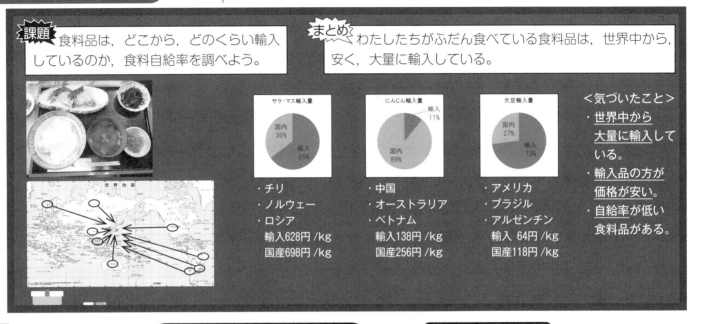

課題 食料品は，どこから，どのくらい輸入しているのか，食料自給率を調べよう。

まとめ わたしたちがふだん食べている食料品は，世界中から，安く，大量に輸入している。

サケ・マス輸入量 国内35% 輸入65%
にんじん輸入量 輸入11% 国内89%
大豆輸入量 国内27% 輸入73%

・チリ
・ノルウェー
・ロシア
　輸入628円/kg
　国産698円/kg

・中国
・オーストラリア
・ベトナム
　輸入138円/kg
　国産256円/kg

・アメリカ
・ブラジル
・アルゼンチン
　輸入 64円/kg
　国産118円/kg

<気づいたこと>
・世界中から<u>大量に輸入している</u>。
・<u>輸入品の方が価格が安い</u>。
・<u>自給率が低い</u>食料品がある。

つかむ（10分）

①前時の資料「農業生産額の変化」を提示し，食料品を輸入していると予想させる。
　教 生産額が減っているけど，足りるのかな？
　児 人口は増えているから，足りない。
　教 では，足りない分は，どこから？ **Point**
　児 外国から届くと思う。
②本時の学習課題を提示する。

調べる（25分）＊白地図作業15分

①用語「食料自給率」について解説する。
②第1時に使った夕食の写真を提示する。
③鮭，にんじん，大豆の輸入量・輸入国・価格に関する資料を配布し，調べさせる。
　＊白地図の輸入国に色を塗らせる。
④調べたことについて，気づいたことを発表し合わせる。

まとめる（10分）

①本時のまとめを書かせる。
　教 食料品は，どこから，どのくらいの量で，国産と比べた価格，の3つについて説明しましょう。

本時のポイント…「外国から届けられる」「外国から買っている」等の発言が出されたとき，それを「輸入」と呼ぶことを教えます。

2章 授業の流れが一目でわかる！社会科5年板書型指導案

「くらしを支える食料生産」5／6時

ねらい 食料品の輸出入額や品目を統計資料から調べ，比較することを通して，移り変わりについて理解する。

つけたい力と評価

輸出入額や品目を統計資料から調べ，比較することを通して，移り変わりについて理解している。

知識及び技能

課題 食料品の輸出入は，どのように変化してきたのだろうか。

まとめ 食料品の輸出入額は年々，増加していて，特に輸出額が大きく増加した。けれど，輸入額の方が輸出額より多い。

輸入額の推移

輸出額の推移

<輸入額>
・年々，少しずつ増
＊農作物が増加
（19年前の1.2倍）
・半分以上が農作物
・小麦→めん，パン
・大豆→飼料
・牛肉

<輸出額>
・2013年から増
（19年前の2.2倍）
・水産物　多い。
（ホタテ，サバなど）
・農産物も輸出
（牛肉＝和牛，りんご）

なぜ？
品質がよいから。

・輸入額も輸出額も，増加している。
・輸入よりも，輸出の増加 大 （輸入額を上回る年も）
・輸入額の方が，輸出額よりも多い。

つかむ（10分）

①前時の学習を振り返り，様々な食料品が輸入されていることを確認する。
②本時の学習課題を提示する。
③用語「輸入」「輸出」の意味を確認する。
④予想をノートに書かせる。

教 昔と比べて，日本の食料品の輸出入は，どのように変化していると思いますか？

調べる（25分）

①資料「農林水産物輸出入概況（2017年）」を配布し，輸出入額について調べさせる。
②調べてわかったことを発表し合わせる。

教 （輸入額）小麦や大豆は，国内で何に使われているでしょうか？

教 （輸出額）なぜ，輸入しているはずの牛肉が輸出されているのでしょうか？

まとめる（10分）

①輸入と輸出について調べたことを比べて気づいたことを話し合わせる。
②本時のまとめを書かせる。
＊「額」であって，「量」ではない。
＊2009年の輸出入額の激減＝リーマンショック
＊2013年以降の輸出額の増加
　＝アベノミクスによる円安　等

Point

本時のポイント…2009年の輸出入額の激減，2013年以降の輸入額の増加には，様々な要因が考えられます。深入りしないよう，取り上げ方には注意が必要です。

2章 授業の流れが一目でわかる！社会科5年板書型指導案

「くらしを支える食料生産」 6／6時

ねらい これまでに調べたことをもとにして，学習問題の結論をまとめ，日本の食料生産の特色を考える。

つけたい力と評価

これまでに調べたことをもとに，学習問題の結論をまとめ，日本の食料生産の特色を考えようとしている。

主体的に関わろうとする態度

【課題】日本の食料生産には，どのような特色があるのだろうか。

【学習問題の結論】わたしたちが食べている食料品は，気候や地形に合った産地で生産されたり，自給率が低い食料品は，世界中の国々から輸入されたりしている。

【学習問題】わたしたちが食べている食料品は，どこでつくられているのだろうか。

・気候や地形に合った農作物を生産している。
・食料自給率が低い食料品もある。
　→世界中の国々から輸入。[増]
　→品質のよい食料品や水産物は，輸出も。

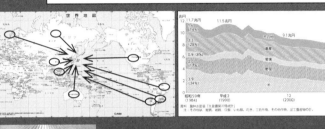

＜ふり返り＞
・これからの食料生産は，どうしていけばいいのかな？
・食料自給率を上げるには？

つかむ（10分）
①本時の学習課題を提示する。
②学習問題を確認する。

調べる（25分）
①これまでの学習で使った主な資料を見ながら学習内容を振り返らせる。
　＊まとめに書かれたキーワードを拾い上げて，板書する。
②板書されたキーワードをもとに，学習問題の結論を話し合い，まとめさせる。
　教 ここで大切なことは，何ですか？ **Point**

まとめる（10分）
①学習問題の結論についてこれからの日本の食料生産について考えを書かせる。
②発表し合うことで，食料生産に関する興味・関心を高める。

本時のポイント…まとめを書かせる際，いきなり教師が確認するのではなく，何が大事なポイントだったのかを一度，児童に問うことで，視点を育てます。

2章 授業の流れが一目でわかる！社会科5年板書型指導案

「米づくりのさかんな地域」 1／8時

ねらい 互いの家で食べている米の品種を調べたことから，学習問題をつくり，米の生産に興味・関心をもつ。

つけたい力と評価

互いの家で日ごろ食べている米の品種を調べたことから，学習問題をつくり，米の生産に興味・関心をもとうとしている。

主体的に関わろうとする態度

課題 みんなの家で食べている米について調べ，学習問題をつくろう。

学習問題 山形県の庄内平野では，どのように米づくりをしているのだろうか。

日本の主食＝米

・すべての都道府県で生産

　↓みんなの家では…

・コシヒカリ（新潟県，福島県，千葉県）

・ゆめぴりか（北海道）

・あきたこまち（秋田県）

・ひとめぼれ（宮城県）

・彩のかがやき（埼玉県）

・ごはん用として274種が作付

品種「つや姫」

・山形県 酒田市
　（庄内平野）

・生み出されてから，
　5年連続　特Aランク

　なぜ？　どうやって生み出したの？

・米のつくり方
・気候や地形を生かしている？
・品種のつくり方
・庄内平野からどうやって運ぶ？

つかむ（10分）

①教 日本の主食と言えば，何ですか？
　児 お米！
②前小単元の学習を振り返り，米は，すべての都道府県で生産していることを確認する。
③本時の学習課題を提示する。

調べる（20分）

①各自が持参した米の袋から，米の名前，生産地を読み取って発表させる。
②現在，国内では274種が作付されている事実を伝える。（農林水産省調べ） **Point**
③「つや姫」について，袋をもとに産地やランクを読み取らせる。
④地図帳で「庄内平野」を探させる。

まとめる（15分）

①「つや姫」が5年連続で最高ランクの特Aを受賞している事実から，疑問に思うことを話し合わせたことから，学習問題をつくる。
②学習問題の予想をノートに書かせ，学習計画を立てる。

本時のポイント…本時までに米の袋を集めておくことで，米の生産地や品種，生産方法などに興味・関心をもたせ，学習問題をつくります。

2章 「米づくりのさかんな地域」 2／8時

ねらい　酒田市と自分たちの住むまちの降水量や気温を比べ，庄内平野で米づくりがさかんなわけを理解する。

つけたい力と評価

酒田市と自分たちの住むまちの降水量や気温を比べ，庄内平野で米づくりがさかんなわけを理解している。

知識及び技能

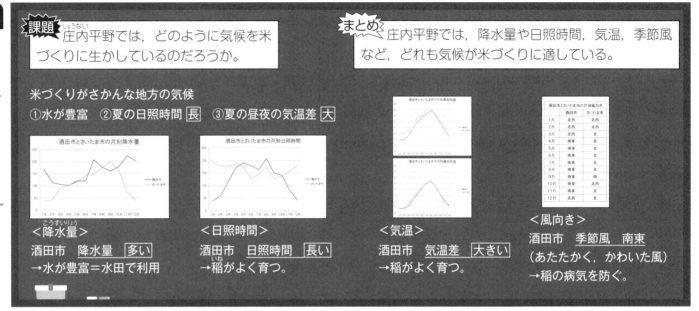

課題　庄内平野では，どのように気候を米づくりに生かしているのだろうか。

まとめ　庄内平野では，降水量や日照時間，気温，季節風など，どれも気候が米づくりに適している。

米づくりがさかんな地方の気候
①水が豊富　②夏の日照時間　長　③夏の昼夜の気温差　大

＜降水量＞
酒田市　降水量　多い
→水が豊富＝水田で利用

＜日照時間＞
酒田市　日照時間　長い
→稲がよく育つ。

＜気温＞
酒田市　気温差　大きい
→稲がよく育つ。

＜風向き＞
酒田市　季節風　南東
（あたたかく，かわいた風）
→稲の病気を防ぐ。

つかむ（10分）
①前時に立てた学習計画を確認し，本時の学習課題を提示する。
②米づくりがさかんな地方に共通する気候条件を提示する。
③4つの資料「降水量」「日照時間」「気温」「風向き」を提示・配布する。　**Point**

調べる（25分）
①自分たちの住むまちのデータと比べながら，庄内平野が米づくりに適している根拠を読み取らせる。
②学級全体で，資料を使って説明し合わせる。
③風向きについて，あたたかい乾いた季節風が稲の葉を乾かし，病気を防いでいることを補足説明する。

まとめる（10分）
①本時の学習のまとめを書かせる。
②次時は地形について調べることを，学習計画をもとに伝える。

本時のポイント…気象庁のホームページから，山形県酒田市と自分たちの住んでいるまちのデータを比較する統計資料を作成すると，比較しやすくなります。

2章

授業の流れが一目でわかる！社会科５年板書型指導案

「米づくりのさかんな地域」 ３／８時

ねらい 庄内平野の地形について写真や地図帳を活用して調べ，米づくりがさかんなわけを理解する。

つけたい力と評価

庄内平野の地形について写真や地図帳を活用して調べ，米づくりがさかんなわけを理解している。

知識及び技能

課題 庄内平野では，どのように地形を米づくりに生かしているのだろうか。

米づくりがさかんな地方の地形
①水が豊富　②よい土　③広い水田

まとめ 庄内平野では，鳥海山から川によって雪解け水やよい土が運ばれたり，防砂林で守られたりすることで，広い水田がつくられている。

＜防砂林＞
・冬の季節風（北西）砂丘の砂を防ぐ。

＜鳥海山と川＞
最上川，赤川，日向川
・雪解け水　・よい土

＜広い水田＞
・長方形１つ
　30m ×100m
　＊運動場の半分くらい
・同じ形，大きさ
＝作業しやすい？

つかむ（10分）

①学習計画を確認し，本時の学習課題を提示する。
②米づくりがさかんな地方に共通する地形条件を提示する。
③２枚の写真を提示・配布する。

Point

調べる（25分）

①地図帳も併せて活用しながら，庄内平野が米づくりに適している根拠を読み取らせる。
②全体で，資料を使って説明し合わせる。**Point**
③前時の学習で使った「風向き」の資料を提示して，冬は海側から季節風が吹き，砂丘の砂が降るので，防砂林で防いでいることを補足説明する。

まとめる（10分）

①本時の学習のまとめを書かせる。
②次時は米づくりについて調べることを，学習計画をもとに伝える。

48

Point 本時のポイント…２枚の写真について地図帳を活用し，航空写真の撮影範囲や，どの方向に向かって撮影したものなのかを確認することで，広さを実感させます。

「米づくりのさかんな地域」 4／8時

ねらい　米づくりの生産から出荷までの仕事の工程について調べ、工夫や努力を考え、表現する。

つけたい力と評価

米づくりの生産から出荷までの仕事の工程について調べ、生産者の工夫や努力を考え、表現している。

――――――――

思考力・判断力・表現力等

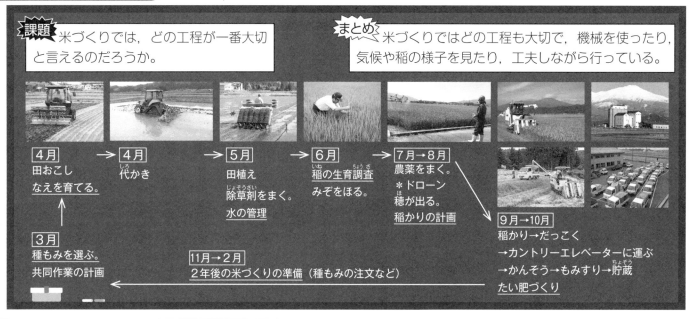

課題　米づくりでは、どの工程が一番大切と言えるのだろうか。

まとめ　米づくりではどの工程も大切で、機械を使ったり、気候や稲の様子を見たり、工夫しながら行っている。

- 4月　田おこし　なえを育てる。
- 4月　代かき
- 5月　田植え　除草剤をまく。水の管理
- 6月　稲の生育調査　みぞをほる。
- 7月→8月　農薬をまく。＊ドローン　穂が出る。稲かりの計画
- 9月→10月　稲かり→だっこく→カントリーエレベーターに運ぶ→かんそう→もみすり→貯蔵　たい肥づくり
- 3月　種もみを選ぶ。共同作業の計画
- 11月→2月　2年後の米づくりの準備（種もみの注文など）

つかむ（5分）

①学習計画を確認し、本時の学習課題を提示する。
②9枚の写真を提示し、資料を配布する。
　＊1年間の暦に工程と作業内容をまとめたものを資料として配布する。

調べる（30分）

①資料を読み、自分が一番大切だと思う工程に名前のマグネットを貼らせる。**Point**
　教　資料を読んで、自分が一番大切だと思う工程に名前のマグネットを貼りましょう。
②なぜ大切だと考えたのか、話し合わせる。
③教　誰も貼らなかった工程は、必要ない？
　児　そんなことはない。どれも大切！

まとめる（10分）

①本時の学習のまとめを書かせる。
　＊まとめる際に、以下の2点を書かせる。
　　・工夫＝機械を使う。計画的に行う。
　　・努力＝気候や稲の様子を見る。
②次時は3月の工程にある「共同作業」について調べることを伝える。

本時のポイント…互いの立場をマグネットで可視化させることで、思考を促します。はじめから選べない児童は、話し合いを聞いて、途中で貼ってもよいことを伝えます。

2章 授業の流れが一目でわかる！社会科5年板書型指導案

「米づくりのさかんな地域」 5／8時

ねらい ｜ 米づくりにかかる機械の費用や作業について調べ，共同経営や共同作業を行っていることを理解する。

つけたい力と評価

米づくりにかかる機械の費用や作業について調べ，共同経営や共同作業を行っていることを理解している。

――――――

知識及び技能

課題 農家の人たちは，米づくりの費用や手間をどのように解決して米づくりをしているのだろうか。

まとめ 農家の人たちは，地域でお金を出し合ったり，共同作業を行ったりして米づくりをしている。

田おこし
[トラクター]
800万円
～1000万円

代かき
[ドライブハロー]
50万円

田植え
[田植え機]
100万円
～200万円

農薬をまく
[ドローン]
250万円
＋技能認定
＋登録
＋計画書の提出

稲かり→だっこく
[コンバイン] [軽トラック]
1000万円　120万円

例 合計2620万円（JAで購入）
　＋保管する倉庫
　＋修理代

地域で
・お金出し合う。
・計画を話し合い，共同作業を行う。

・水の管理
・勉強会
・新しい技術を学ぶ。
（水田農業試験場）

つかむ（10分）

①前時で使ったトラクターの写真を提示し，金額を伝える。

②本時の学習課題を提示する。

③前時に学んだ作業工程を振り返り，農業機械が必要な場面を発表させる。
　＊写真を提示する。

④資料（農業機械の価格表）を配布する。

調べる（25分）

①資料から価格を読み取り，合計金額を計算させる。

②ドローンを活用する新しい技術を紹介し，技能認定や機体の登録，事業計画書を事前に提出することや，水の管理，地域の勉強会，新しい技術を農業試験場で学んでいることなどを資料から読み取らせる。**Point**

まとめる（10分）

①本時の学習のまとめを書かせる。

②次時は「つや姫を生み出した取り組み」について調べることを伝える。

＊「農業機械をJAで購入」「新しい技術を水田農業試験場で学ぶ」この2点の情報を出しておくことで，次時の学習内容につなげます。

本時のポイント…「費用や手間などの問題を，みんななら，どう解決する？」と予想を話し合わせてから読み取らせることで，「共同経営」「共同作業」に気づかせます。

50

「米づくりのさかんな地域」 6／8時

ねらい：農業協同組合や農業試験場の取り組みについて調べ，協力関係や技術の向上について理解する。

つけたい力と評価

農業協同組合や農業試験場の取り組みについて調べ，人々の協力関係や技術の向上について理解している。

知識及び技能

課題 農業協同組合と水田農業試験場は，どのような役割を果たしているのだろうか。

まとめ 農業協同組合や水田農業試験場は，様々な取り組みをして，農家の人たちを支えている。

農業協同組合（JA）

＜主な仕事内容＞
・農業の相談
・機械，肥料，農薬など…共同で買う。
・お金を貸す。
・農家の代わりに出荷，販売する。

水田農業試験場

＜主な仕事内容＞
・品種改良
・新しい技術の研究
・米づくりに関する調査

どんな役割？
農家の人たちを支えている。
手助けしている。

つかむ（10分）

①2枚の写真（JA庄内みどりのマーク，山形県水田農業試験場の外観）と，本時の学習課題を提示する。
②JAと水田農業試験場の主な仕事内容に関する資料を配布する。

調べる（25分）

①教 資料から必要な情報を読み取り，「つまりこの2つは，どんな役割を果たしていると言えるか」一言で書き，その理由も書きます。
②各自，調べたことをもとに一言で書き表させる。
③どんな役割と言えるか話し合わせる。

まとめる（10分）

①本時の学習のまとめを書かせる。
②次時は「どうやって運ばれてくるか」について調べることを伝える。

＊「亀ノ尾」をルーツとする品種には，「つや姫」以外にコシヒカリ，あきたこまち，ひとめぼれ，ササニシキ，はえぬき…など有名な品種が多数あります。

本時のポイント…発表させる際は，「○○な役割／〜していると思います。それは…」と，必ずそう考えた根拠となる資料を使って説明させることが大切です。

「米づくりのさかんな地域」 7／8時

ねらい 米が収穫されたあと，売られるまでの経路について調べ，輸送や費用，価格の決定について理解する。

2章

授業の流れが一目でわかる！社会科5年板書型指導案

つけたい力と評価

米が収穫されたあと，販売店で売られるまでの経路について調べ，輸送やかかる費用，価格の決定について理解している。

知識及び技能

課題 米は収かくされたあと，どのようにしてわたしたちのもとへ届けられ，売られるのだろうか。

まとめ 米は，たくさんの人の手で運ばれて届けられ，かかった費用で価格が決められて売られている。

カントリーエレベーター
①農家から米を預かる。
②かんそう
③貯蔵
④精米
⑤出荷
金利用料金

トラック輸送
高速道路を利用
・5〜6時間
金1万5千円
＋運転手の
人件費

小売店
金店の仕入れ価格
＋店員の人件費など

・たくさんの人の手で届けられている。
↓その分…
・費用がかかる。
↓こうやって
・価格が決められる。

10a当たりの米づくりにかかる費用

つかむ（10分）

①第4時で使ったカントリーエレベーターの写真と小売店で米が売られている写真を見せ，本時の学習課題を提示する。
②どのように運ばれて売られるのか，予想をノートに書かせる。

調べる（25分）

①調べる観点を話し合わせる。

教 資料から，どんな情報を探しますか？

児 運ぶ方法や，かかった時間。

教 今日の課題は「売られる」ですから，かかった費用も調べましょう。

②資料から調べ，発し合わせる。

Point

まとめる（10分）

①本時のまとめを話し合わせ，板書する。
②円グラフ「米づくりにかかる費用」（農林水産省：農産物生産費統計）を提示し，他にもたくさんの費用がかかっていることを読み取らせる。
③板書をもとに，自分の言葉でまとめさせる。

Point●本時のポイント…資料を調べる際，「何を探せばいいのか」を明確にすることが大切です。調べる目的＝学習課題をつかませることで，何を探すのか自ずと決まります。

2章 授業の流れが一目でわかる！社会科5年板書型指導案

「米づくりのさかんな地域」 8／8時

ねらい 学習問題の結論をまとめ，これからの米づくりに関心をもち，自分の考えを多角的に考える。

つけたい力と評価

学習問題の結論をまとめ，これからの米づくりに関心をもち，自分の考えを生産者と消費者の立場から多角的に考えようとしている。

主体的に関わろうとする態度

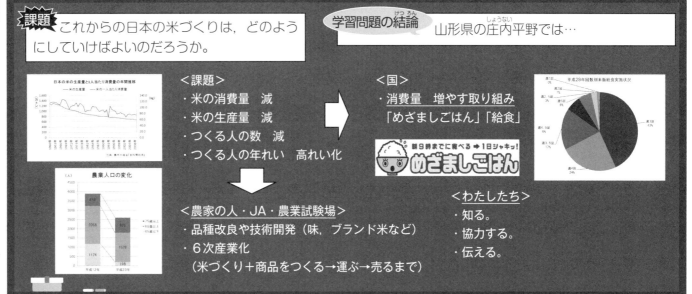

課題：これからの日本の米づくりは，どのようにしていけばよいのだろうか。

学習問題の結論：山形県の庄内平野では…

＜課題＞
・米の消費量　減
・米の生産量　減
・つくる人の数　減
・つくる人の年れい　高れい化

＜国＞
・消費量　増やす取り組み
「めざましごはん」「給食」

＜農家の人・JA・農業試験場＞
・品種改良や技術開発（味，ブランド米など）
・6次産業化
（米づくり＋商品をつくる→運ぶ→売るまで）

＜わたしたち＞
・知る。
・協力する。
・伝える。

つかむ（10分）

①本時の学習課題を提示する。
②これまでに学習した内容を振り返って学習問題の結論をまとめさせる。
　・気候や地形を生かしている。
　・協力関係や品種改良，技術の向上
　・輸送や費用による価格の決定
　🧮 結論の続きを自分の言葉でまとめよう。

調べる（25分）

①「米の生産量と1人当たりの消費量の推移」と「農業人口の変化」の2つの資料を提示し，課題をつかませる。
②国や生産者たちの課題解決のための取り組みを資料をもとに調べさせる。
　＊資料作成のポイント
　　・国→消費拡大
　　・生産者→ブランド化，6次産業化

まとめる（10分）

①これまでに学習したことや，今日学習したことの中で，よいと思った取り組みを挙げさせる。
②農業生産に対し，自分たちにできることは，あまり多くないことを伝え，3つの観点で，先ほどよいと思った取り組みについてできることを考え，ノートに書かせる。
　＊知る，協力する，伝える

本時のポイント…農林水産省のホームページに多くの取り組みや事例，リンク集が載っています。児童の実態・関心に応じた資料を作成するとよいでしょう。

2章
授業の流れが一目でわかる！社会科5年板書型指導案

「水産業のさかんな地域」 1／7時

ねらい ふだん食べている水産物について調べたことから学習問題をつくり，水産業に興味・関心をもつ。

つけたい力と評価

ふだん食べている水産物について調べたことから学習問題をつくり，水産業に興味・関心をもとうとしている。

主体的に関わろうとする態度

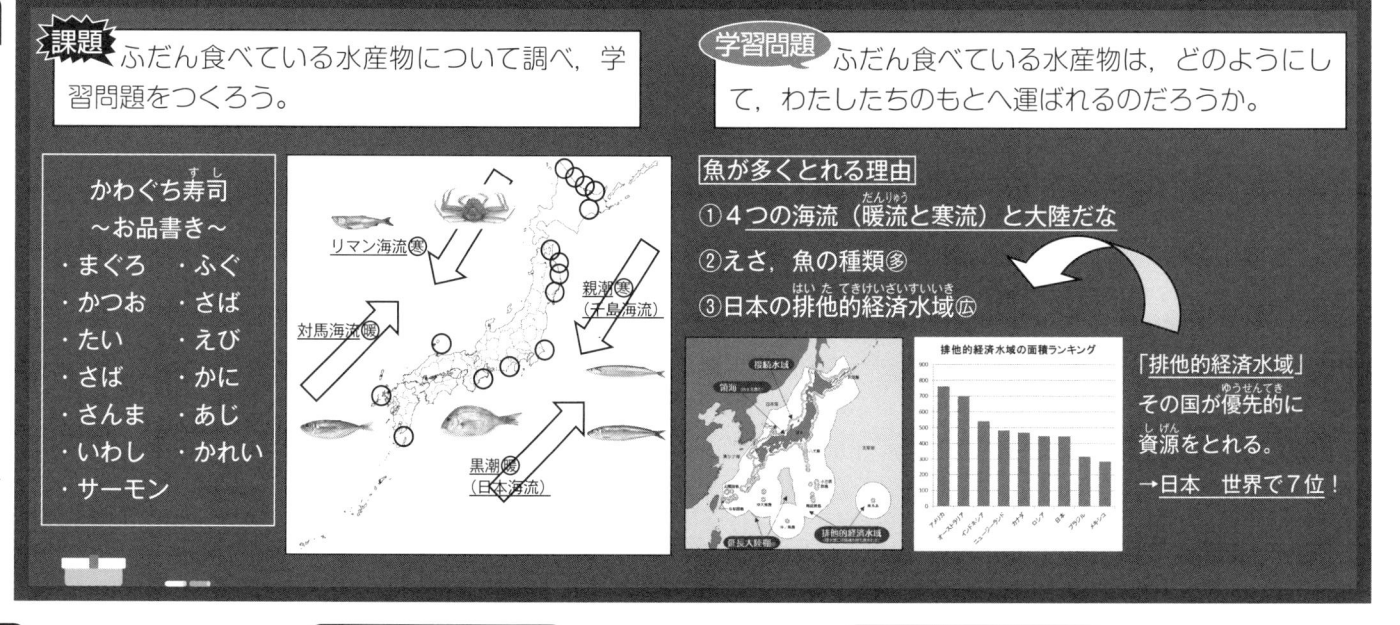

課題 ふだん食べている水産物について調べ，学習問題をつくろう。

学習問題 ふだん食べている水産物は，どのようにして，わたしたちのもとへ運ばれるのだろうか。

かわぐち寿司
〜お品書き〜
・まぐろ　・ふぐ
・かつお　・さば
・たい　　・えび
・さば　　・かに
・さんま　・あじ
・いわし　・かれい
・サーモン

リマン海流（寒）
対馬海流（暖）
親潮（寒）（千島海流）
黒潮（暖）（日本海流）

魚が多くとれる理由
① 4つの海流（暖流と寒流）と大陸だな
② えさ，魚の種類（多）
③ 日本の排他的経済水域（広）

排他的経済水域の面積ランキング

「排他的経済水域」
その国が優先的に資源をとれる。
→日本　世界で7位！

つかむ（10分）

① 寿司のお品書きを提示する。
② 好きな寿司について自由に話し合わせる。
③ 本時の課題を提示する。

調べる（25分）

① 1人ずつ指名し，好きな寿司を選ばせる。
② 漁獲量の多い地域を示した白地図を活用し，寿司ネタとなる魚介類がとれる海に魚のマグネットを貼らせる。**Point**
③ 日本の近海で，魚が多くとれる理由について地形や領海に関する資料（海流，大陸だな，排他的経済水域）をもとに話し合わせる。

まとめる（10分）

① 疑問に思うことを話し合わせたことから，学習問題をつくる。
② 学習問題の予想をノートに書かせ，学習計画を立てる。

54

本時のポイント…児童にとって身近な寿司を扱うことで，興味・関心を高めます。ここでは，サーモンは「外国の海でとれるのでは？」と予想させることをねらっています。

2章 授業の流れが一目でわかる！社会科5年板書型指導案

「水産業のさかんな地域」 2／7時

ねらい　かつおの漁獲量や漁法などについて調べたことから，用途によって漁法を変えていることに気づく。

つけたい力と評価

かつおの漁獲量や漁法などについて統計資料や写真を活用して調べたことから，用途によって漁法を変えていることを理解している。

知識及び技能

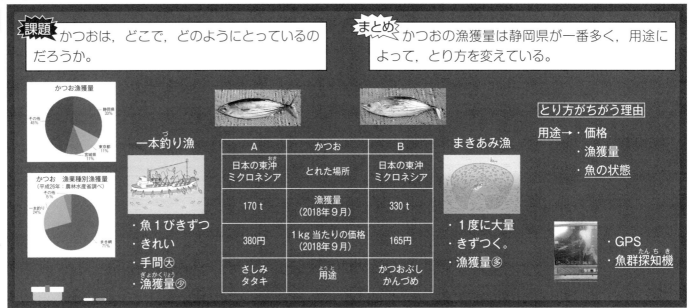

課題　かつおは，どこで，どのようにとっているのだろうか。

まとめ　かつおの漁獲量は静岡県が一番多く，用途によって，とり方を変えている。

かつお漁獲量
- 静岡県 33%
- その他 45%
- 東京都 11%
- 宮城県 11%

かつお　漁業種別漁獲量（平成26年：農林水産省調べ）
- まき網 71%
- 一本釣り 24%
- その他 5%

一本釣り漁
- 魚1ぴきずつ
- きれい
- 手間⼤
- 漁獲量少

A	かつお	B
日本の東沖 ミクロネシア	とれた場所	日本の東沖 ミクロネシア
170 t	漁獲量 （2018年9月）	330 t
380円	1kg当たりの価格 （2018年9月）	165円
さしみ タタキ	用途	かつおぶし かんづめ

まきあみ漁
- 1度に大量
- きずつく。
- 漁獲量多

とり方がちがう理由
用途→
- 価格
- 漁獲量
- 魚の状態

- GPS
- 魚群探知機

つかむ（10分）

①かつおの写真を見せ，日頃，どのように食べられているか，話し合わせる。
②本時の課題を提示する。

調べる（25分）

①2つの円グラフを提示し，静岡県が最も多く，主にまき網漁と一本釣り漁でとられていることをつかませる。
②漁法のイラストを使い，教師が解説する。
③2枚のかつおの写真と表を提示し，どちらのかつおが，どちらの漁法でとられたものか，話し合わせる。

まとめる（10分）

①かつおを2つの漁法でとっている理由について話し合い，その結果を整理する。
②本時のまとめを書かせる。

＊GPS＝人工衛星から船の位置情報を表示。
＊魚群探知機＝魚群，水深，海底の様子を超音波の反射によって調べ，表示する。

Point 本時のポイント…「なぜ，漁獲量の多いまき網漁だけでなく，手間のかかる一本釣り漁でとっているのかな？」と問いかけることで，用途や価格のちがいに気づかせます。

2章

授業の流れが一目でわかる！社会科5年板書型指導案

「水産業のさかんな地域」 3／7時

ねらい 遠洋でとられたかつおを出荷するまでの流れを調べ，新鮮なまま輸送するための工夫に気づく。

つけたい力と評価

遠洋でとられたかつおを出荷するまでの流れを調べ，新鮮なまま輸送するための工夫に気づき，理解している。

知識及び技能

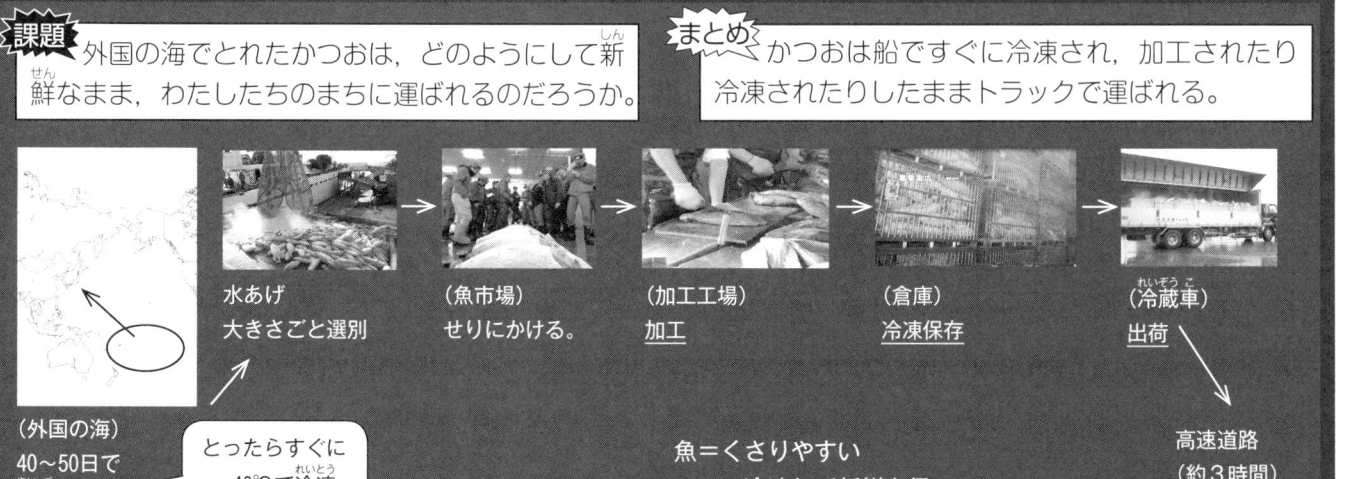

課題 外国の海でとれたかつおは，どのようにして新鮮なまま，わたしたちのまちに運ばれるのだろうか。

まとめ かつおは船ですぐに冷凍され，加工されたり冷凍されたりしたままトラックで運ばれる。

（外国の海）
40～50日で
焼津漁港へ

とったらすぐに
−40℃で冷凍

水あげ
大きさごと選別

（魚市場）
せりにかける。

（加工工場）
加工

（倉庫）
冷凍保存

（冷蔵車）
出荷

高速道路
（約3時間）
埼玉県へ

魚＝くさりやすい
・冷凍して新鮮さ保つ。
・すぐに加工する。

つかむ（10分）

①世界地図で，かつおがとられる海域を提示し，かつお漁は40～50日で日本の漁港に戻ることを解説する。

②時間の経過に着目して疑問を話し合わせ，本時の学習課題を提示する。

調べる（25分）

①順番に写真を提示しながら，出荷までの工程を調べさせる。
　＊出荷の輸送にかかる時間をおさえる。

②魚がくさりやすいことを確認し，本時の課題にある「新鮮なまま，わたしたちのまちに運ばれる」工夫について話し合わせる。

Point

まとめる（10分）

①本時のまとめを書かせる。

本時のポイント…児童に時間の経過に着目して資料を調べさせることが大切です。また，遠洋や焼津からの輸送では，空間的な見方・考え方を働かせます。

56

「水産業のさかんな地域」 4／7時

ねらい 日本の漁業別生産量と輸入量の変化について資料を活用して調べ、生産量が減っていることに気づく。

つけたい力と評価

日本の漁業別生産量と輸入量の変化について統計資料を活用して調べ、生産量と生産額が減っていることを理解している。

知識及び技能

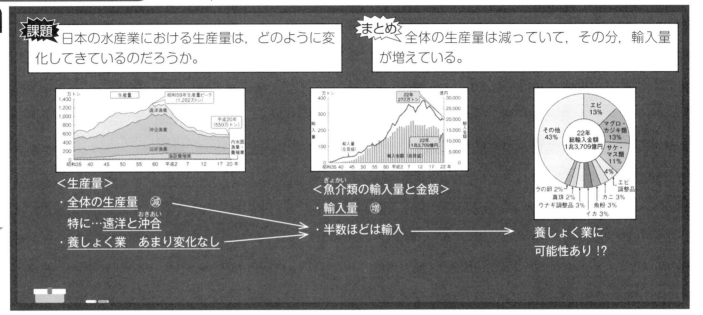

課題 日本の水産業における生産量は、どのように変化してきているのだろうか。

まとめ 全体の生産量は減っていて、その分、輸入量が増えている。

＜生産量＞
・全体の生産量 減
　特に…遠洋と沖合
・養しょく業　あまり変化なし

＜魚介類の輸入量と金額＞
・輸入量 増
・半数ほどは輸入

養しょく業に可能性あり！？

つかむ（10分）

①資料「生産量の推移グラフ」を、昭和55年以降を隠して提示する。
②本時の学習課題を提示する。
③隠している部分の変化を予想させる。

調べる（25分）

①グラフを配布し、読み取らせ、発表させる。
②漁業種別の生産量の変化を確認する。

教　生産量が減っているね。では、どうしているのでしょうか？

児　輸入していると思う！

③資料「輸入量と金額のグラフ」を提示し、読み取らせる。

まとめる（10分）

①本時の学習をまとめさせる。
②読み取った現状に対し、もう一度、生産量のグラフを見て、希望が見出せる漁業は何かを話し合わせ、次時につなげる。

本時のポイント…食料生産の学習を想起させ、「食料生産全体で輸入量が増えていたから、水産物も…」と既習や過去の資料を生かして予想させます。

2章 授業の流れが一目でわかる！社会科5年板書型指導案

「水産業のさかんな地域」 5／7時

ねらい 養殖業について資料を活用して調べ，人々の工夫や努力がわたしたちの食生活を支えていることに気づく。

つけたい力と評価

養殖業について，資料を活用して調べ，安定して水産物を供給するための人々の工夫や努力を理解している。

知識及び技能

課題 ぶりの養しょくは，どこで，どのように行われているのだろうか。

まとめ ぶりの養しょく日本一の鹿児島県では，大変な手間と長い期間をかけて稚魚から育て，一年中出荷している。

ぶり
・はまち
・わらさ

〈生産量（万トン）〉
ブリ類　養殖 16.0　　61%　　天然 10.3

養しょく量
鹿児島県
23年連続日本一

大変な手間，長い期間
→一年中，出荷⑤
＝いつでも食べられる。

毎年5月：稚魚取り
東シナ海，太平洋でとる。
国がとる量を管理。

えづけ
朝5時〜日ぐれ
1日5回〜6回

1年魚
大きさによって
えさを変える。

2〜3年魚
細かくチェック
（酸素量，水温）
えさの量を変える。

4kg以上で出荷開始

つかむ（10分）

①魚介類で1年間の1人当たりの購入数量について予想させる。
②答えを伝え，ぶりが身近な魚であることと，養殖の割合を資料から読み取らせる。
③課題を提示する。

1人当たり購入数量
（平成22年：水産庁）
1位…さけ（900g）
2位…まぐろ（800g）
　　　いか（800g）
4位…ぶり（700g）

調べる（25分）

①ぶりの養殖業は鹿児島県でさかんであることを伝え，稚魚から出荷までの流れを資料から読み取らせる。
②手間と時間がかかっていることと，一年中，安定して出荷できることをおさえる。
教 このことは，わたしたちの食生活にとって，どんな影響がありますか？ **Point**

まとめる（10分）

①本時の学習をまとめさせる。

本時のポイント…養殖業によって安定して供給されることの意味を考えさせることで，人々の工夫や努力が自分たちの食生活を支えていることに気づかせます。

2章 「水産業のさかんな地域」 6／7時

ねらい：栽培漁業について資料を活用して調べ，持続可能な水産業について考える。

つけたい力と評価

栽培漁業について資料を活用して調べ，持続可能な水産業について考え，文章で表現している。

思考力・判断力・表現力等

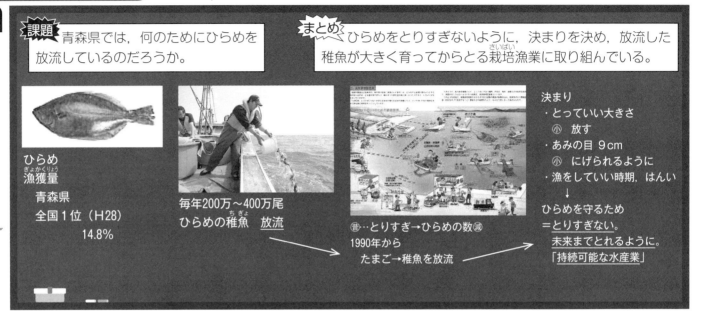

課題 青森県では，何のためにひらめを放流しているのだろうか。

まとめ ひらめをとりすぎないように，決まりを決め，放流した稚魚が大きく育ってからとる栽培漁業に取り組んでいる。

ひらめ
漁獲量
青森県
全国1位（H28）
14.8％

毎年200万～400万尾
ひらめの稚魚　放流

書…とりすぎ→ひらめの数減
1990年から
たまご→稚魚を放流

決まり
・とっていい大きさ
　小　放す
・あみの目 9cm
　小　にげられるように
・漁をしていい時期，はんい
↓
ひらめを守るため
＝とりすぎない。
未来までとれるように。
「持続可能な水産業」

つかむ（10分）

①ひらめの写真を提示する。
　教　これは，何ですか？
　児　ひらめ，かれい？
②青森県は，ひらめの漁獲量が日本一であることを伝え，放流している写真を提示する。
　児　どうして逃がしているの？
③本時の学習課題を提示する。

調べる（25分）

①資料「ヒラメやカレイのための資源管理」のイラストを提示し，読み取らせる。
②以下について資料から読み取らせる。
　・昔，とりすぎて数が減ってしまった。
　・1990年から卵をかえして稚魚を放流。
　・大きく育ってからとる。
③取り組みの意味について話し合わせる。

まとめる（10分）

①本時の学習をまとめさせる。
②用語「持続可能な水産業」について説明し，青森県の取り組みについて評価させる。
　教　今日学習した青森県の取り組みについて，自分の考えを書きましょう。

本時のポイント…「生物や地球環境に優しい」といった意見だけでなく，「安定して漁獲量を上げるため」であることを評価した児童の考えをチェックしておきます。

2章 授業の流れが一目でわかる！社会科5年板書型指導案

「水産業のさかんな地域」7／7時

ねらい これまでの学習を振り返り，日本の水産業の未来について考え，話し合う。

つけたい力と評価

これまでの学習を振り返り，日本の水産業の未来について資料をもとに考え，話し合おうとしている。

――――――

主体的に関わろうとする態度

課題 これからの日本の水産業にとって，どのようなことが大切なのだろうか。

学習問題の結論 日本だけでなく世界の海から，いつでも新鮮な水産物がとられ，運ばれるよう様々な工夫や努力をしている。

日本の水産資源
・高位：量が豊富　約17%
・中位：不安になる可能性有　約33%
・定位：量に不安有　約50%

平成26年度（2014）資源評価対象魚種 52魚種 84系群
高位16.7%　低位50.0%　中位33.3%

これからの水産業に大切なこと

・青森県　ひらめ…育ててからとる。
・鹿児島県　ぶり…養しょくする。
・静岡県　かつお…一本釣り漁　とりすぎない。
・輸入量増やす。←×世界の水産資源減
　　　　　　　×仕事減＝働く人減
・排他的経済水域を守る。…外国船にとられないようにする。

日本の水産業人口
・働く人減
・高れい化

つかむ（15分）

①2つの資料「水産資源水準」「水産業就業者数と年齢の割合」を提示し，課題を読み取らせる。
②本時の学習課題を提示する。

調べる（20分）

①これまでに学習したことの中から，「これからの日本の水産業にとって大切なこと」を考え，話し合わせる。
＊輸入量の増加や，排他的経済水域を拡大する，外国船を取り締まるなどの意見が出された場合，全体に投げかける。　**Point**

まとめる（10分）

①学習問題の結論を書かせる。
②振り返りとして，本時の学習をもとに，「これからの日本の水産業に大切なこと」について，自分の考えを書かせる。

本時のポイント…一見，極論のような意見も，これまでの学習を踏まえて考えられているのであれば，その場で否定せず，全体に投げかけて話し合うことが大切です。

「工業製品とくらしの変化」 1／6時

ねらい　工業製品を仲間分けする活動を通して、工業には様々な種類があることや変化していることをつかむ。

つけたい力と評価

身の回りの工業製品を種類ごとに分類する活動を通して、工業には様々な種類があることや、工業製品が時代とともに変化していることを理解している。

知識及び技能

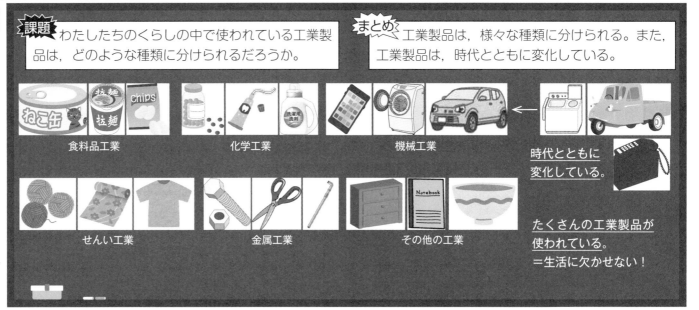

課題　わたしたちのくらしの中で使われている工業製品は、どのような種類に分けられるだろうか。

まとめ　工業製品は、様々な種類に分けられる。また、工業製品は、時代とともに変化している。

食料品工業　化学工業　機械工業

時代とともに変化している。

せんい工業　金属工業　その他の工業

たくさんの工業製品が使われている。
＝生活に欠かせない！

つかむ（10分）

①「工業製品」と聞いて、どんなものをイメージするか、自由に発言させる。
②工業製品のイラストをバラバラに提示する。
③本時の課題を提示する。
④板書と同じ資料をペアやグループに1セットずつ配布する。
　＊「その他の工業」だけは伝える。

調べる（25分）

①仲間分けをし、理由とともに発表させる。
②身の回りにはたくさんの工業製品が使われており、くらしを支えていることに気づかせる。
　教　仲間分けして、どんなことを思いますか？
　児　種類が多い。ないと困るものばかり。
③自動車や洗濯機の昔のイラストを提示し、変化していることに気づかせる。**Point**

まとめる（10分）

①本時の学習のまとめを書く。
②これから調べてみたいこと、疑問に思ったことを振り返りに書かせる。

本時のポイント…1人のつぶやきを全体に問いかけることで、工業製品が「くらしを支えている」「変化している」ことに気づかせます。「今の言葉、みんなはどう思う？」等。

2章

授業の流れが一目でわかる！社会科5年板書型指導案

「工業製品とくらしの変化」 2／6時

ねらい これから調べたいことを話し合い，予想したことから学習問題をつくり，学習計画を立てる。

つけたい力と評価

これから調べたいことを話し合ったことから，主体的に答えの予想を立て，学習問題を見出そうとしている。

主体的に関わろうとする態度

課題 身の回りの工業製品について，学習問題をつくり，予想と学習計画を立てよう。

学習問題 わたしたちのくらしを支えている工業製品は，どこでつくられ，どのように変化してきたのだろうか。

＜調べたいこと＞
① ・どこで？
② ・1年間にどのくらい？
③ ・その他の工業とは？
④ ・どう変わってきたか？
⑤ ・未来の工業製品はどんな？

＜予想＞
・日本中どこでも？
・低地に工場が多い？ ← 3年：鋳物(いもの)
・紙工業？ ガラス工業？ 木工業？
・便利に？ 小さく軽く？
・ロボット，自動化？ もっと便利に？

つかむ（10分）

①前時の振り返りの中で，本時の「調べたいこと」につながる記述をしている児童1〜2名を指名し，書いた内容を読ませる。
②本時の学習課題を提示する。

調べる（25分）

① 「調べたいこと」を板書する。
教 先ほど読んでくれた内容は，どんな疑問の言葉で書けるかな？
児 「どこでつくられているか？」だよ。
② 「調べたいこと」が出揃ったら，それぞれの答えを予想し，ノートに書かせ，発表させる。
＊答えの予想を板書していく。

まとめる（10分）

①答えの予想から，キーワードを話し合わせ，学習問題をつくる。 **Point**
教 つまり，これから調べたいキーワードは？
児 「どこで」「どう変わったか」
教 その言葉を使って学習問題をつくろう。
② 「調べたいこと」に番号を振って，学習計画を立てる。

Point 本時のポイント…「調べたいこと」の中で，多くの児童にとって答えの見通しの立つ内容をキーワードという形で選ばせることで，学習問題をつくります。

62

2章 「工業製品とくらしの変化」 3／6時

ねらい：工業生産額の多い都道府県や主な工業生産地を調べ，太平洋側に集中していることを理解する。

つけたい力と評価

工業生産額の多い都道府県や主な工業生産地について白地図や統計資料を活用して調べ，太平洋側に集中していることを理解する。

知識及び技能

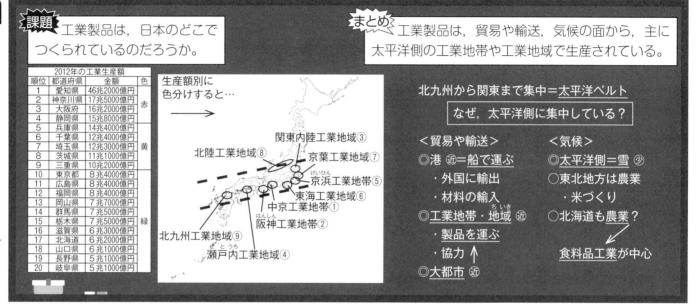

課題：工業製品は，日本のどこでつくられているのだろうか。

まとめ：工業製品は，貿易や輸送，気候の面から，主に太平洋側の工業地帯や工業地域で生産されている。

2012年の工業生産額

順位	都道府県	金額	色
1	愛知県	46兆2000億円	
2	神奈川県	17兆5000億円	赤
3	大阪府	16兆2000億円	
4	静岡県	15兆8000億円	
5	兵庫県	14兆4000億円	
6	千葉県	12兆4000億円	黄
7	埼玉県	12兆3000億円	
8	茨城県	11兆1000億円	
9	三重県	10兆2000億円	
10	東京都	8兆5000億円	
11	広島県	8兆4000億円	
12	福岡県	8兆4000億円	
13	岡山県	7兆6000億円	
14	群馬県	7兆5000億円	緑
15	栃木県	7兆5000億円	
16	滋賀県	6兆3000億円	
17	北海道	6兆2000億円	
18	山口県	6兆1000億円	
19	長野県	5兆1000億円	
20	岐阜県	5兆1000億円	

生産額別に色分けすると…

- 関東内陸工業地域③
- 北陸工業地域⑧
- 京葉工業地域⑦
- 京浜工業地帯⑤
- 東海工業地域⑥
- 中京工業地帯①
- 阪神工業地帯②
- 北九州工業地域⑨
- 瀬戸内工業地域④

北九州から関東まで集中＝**太平洋ベルト**

なぜ，太平洋側に集中している？

＜貿易や輸送＞
- ◎港 近＝船で運ぶ
  ・外国に輸出
  ・材料の輸入
- ◎工業地帯・地域 近
  ・製品を運ぶ
  ・協力 ↑
- ◎大都市 近

＜気候＞
- ◎太平洋側＝雪 少
- ○東北地方は農業
  ・米づくり
- ○北海道も農業？
  ↓
  食料品工業が中心

つかむ（5分）

①前時に立てた学習計画を確認し，本時の学習課題を提示する。
②日本の白地図と資料「2012年の工業生産額」を配布する。
＊児童の実態を考慮して，「調べる」段階が30分では難しい場合，白地図の作業を家庭学習で取り組ませることも可能です。

調べる（30分）

①白地図を工業生産額別に色分けさせる。
　（15兆円以上：赤，10兆円以上：黄など）
②色分けした白地図を見て，気づいたことを発表させ，工業地帯や地域，「太平洋ベルト」をおさえる。（生産額の順位を①～⑨で書く）
③太平洋側に集中している理由を，貿易や輸送と気候の面から考え，話し合わせる。

まとめる（10分）

①本時の学習のまとめを書かせる。

＊本時で作成した白地図は保管しておき，第6時で使います。

本時のポイント…「貿易や輸送」と「気候」の2つの視点は，教師から提示します。「貿易や輸送」については，あとの単元で詳しく学習することを伝えます。

2章

授業の流れが一目でわかる！社会科5年板書型指導案

「工業製品とくらしの変化」 4／6時

ねらい 工業生産額について，総生産額や割合の変化を調べ，日本の工業生産の概要をつかむ。

つけたい力と評価

工業生産額について，総生産額や割合の変化を調べ，日本の工業生産の概要を理解している。

知識及び技能

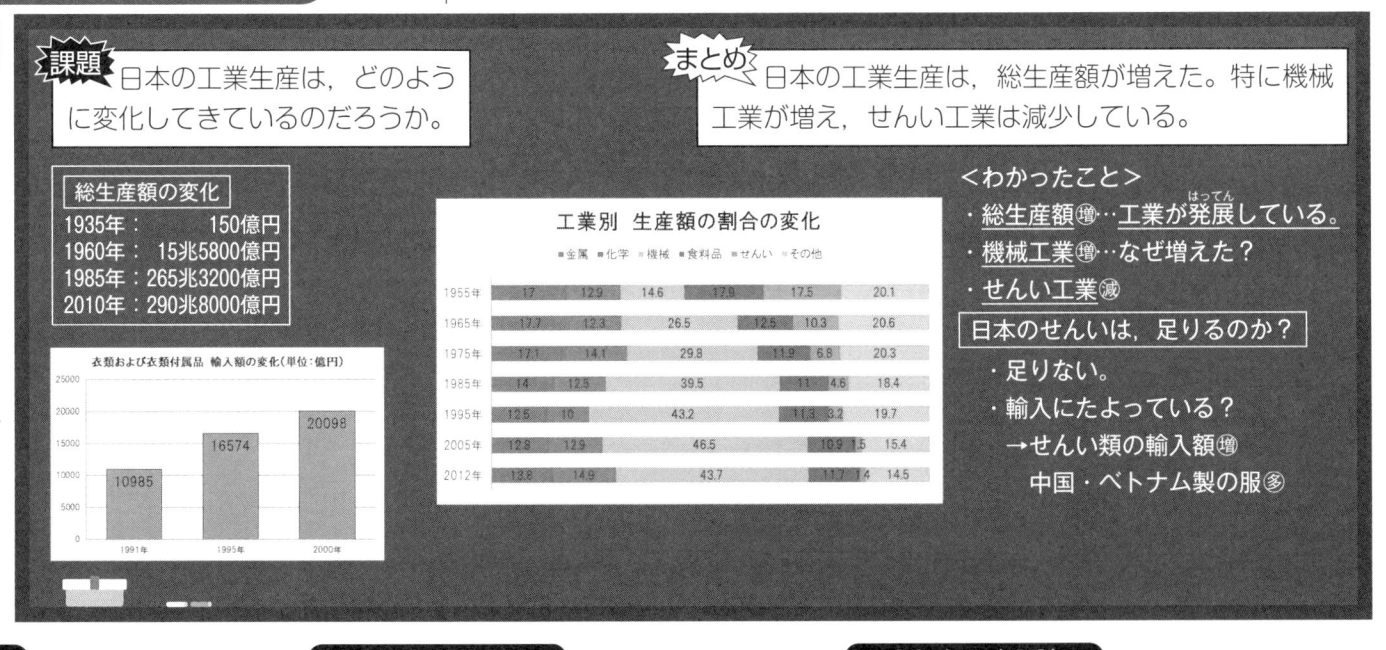

課題 日本の工業生産は，どのように変化してきているのだろうか。

まとめ 日本の工業生産は，総生産額が増えた。特に機械工業が増え，せんい工業は減少している。

総生産額の変化
1935年： 150億円
1960年： 15兆5800億円
1985年： 265兆3200億円
2010年： 290兆8000億円

衣類および衣類付属品 輸入額の変化（単位：億円）

10985 （1991年）
16574 （1995年）
20098 （2000年）

工業別 生産額の割合の変化
■金属 ■化学 ■機械 ■食料品 ■せんい ■その他

年	金属	化学	機械	食料品	せんい	その他
1955年	17	12.9	14.6	17.9	17.5	20.1
1965年	17.7	12.3	26.5	12.5	10.3	20.6
1975年	17.1	14.1	29.8	11.9	6.8	20.3
1985年	14	12.5	39.5	11	4.6	18.4
1995年	12.5	10	43.2	11.3	3.2	19.7
2005年	12.8	12.9	46.5	10.9	1.5	15.4
2012年	13.8	14.9	43.7	11.7	1.4	14.5

＜わかったこと＞
・総生産額⊕…工業が発展（はってん）している。
・機械工業⊕…なぜ増えた？
・せんい工業⊖

日本のせんいは，足りるのか？
・足りない。
・輸入にたよっている？
→せんい類の輸入額⊕
中国・ベトナム製の服㊤

つかむ（5分）

①第2時に立てた学習計画を確認し，本時の学習課題を提示する。
②資料「総生産額の変化」を提示する。

調べる（30分）

①総生産額が増加していることを読み取らせる。
②資料「工業別 生産額の割合の変化」を提示し読み取らせる。
③3つのわかったことから，「つまり，どういうことが言えるか」と問いかけ，疑問を引き出す。
④繊維工業に着目して話し合い，資料「輸入額の変化」と関連づけて説明させる。

まとめる（10分）

①自分たちの衣服のタグから，どこでつくられたものかを読み取らせ，外国産が多いことを確認する。
②本時の学習のまとめを書かせる。

Point

Point ▶本時のポイント…工業の学習では，製品に生産国が明記されているものがあります。身近な工業製品が本時の学習とつながっていることを実感させるよい教材です。

「工業製品とくらしの変化」 5／6時

ねらい 機械工業の割合が増えたことについて，工業製品の変化を調べ，くらしの変化と関連づけて考える。

つけたい力と評価

機械工業の割合が増えたことについて，工業製品の変化を調べて，人々のくらしの変化と関連づけて考え，表現している。

思考力・判断力・表現力等

課題 機械工業が増えたのは，どのようなことが関係しているのだろうか。

まとめ 機械工業が増えたのは，電化製品や自動車が普及して，くらしが便利で豊かになったことが関係している。

1953（昭和28）年 国産初の白黒テレビ発売	1960（昭和35）年 国産初のカラーテレビ発売	1971（昭和46）年 リモコン式カラーテレビ発売	1999（平成11）年 20インチ液晶テレビ発売
サイズ14インチ 当時の価格：17万5千円 今の価値にすると約108万円	サイズ21インチ 当時の価格：42万円 今の価値にすると約227万円	サイズ20インチ 当時の価格：16万9千円 今の価値にすると約49万円	2003年 地上デジタル放送開始 テレビは，よりうすく，画像が美しく，大型に。

・テレビは変化してきた。　→　電化製品の変化によって，くらしはどう変わったのか？
　・うすく
　・大画面に　　　　　　　　　・楽になった。
　・映像が美しく　　　　　　　・便利になった。
　　　　　　　　　　　　　　　・豊かになった。

・電化製品の普及率㊤
　洗濯機，冷蔵庫，電子レンジ
　自動車　など「機械工業製品」

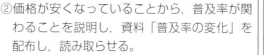

つかむ（10分）

①第2時に立てた学習計画と，前時の学習で残った疑問「なぜ機械工業が増加したのか？」について学習することを伝える。
②本時の学習課題を提示する。
③課題について，予想をノートに書かせる。

調べる（25分）

①資料「テレビの変化」を配布し，どのように変化してきたのか読み取らせる。**Point**
②価格が安くなっていることから，普及率が関わることを説明し，資料「普及率の変化」を配布し，読み取らせる。
③「電化製品の変化によって，くらしはどう変わったのか？」と問いかけ，話し合わせる。

まとめる（10分）

①本時の学習のまとめを書かせる。
②3年生の学習「市の様子の移り変わり」でも同じようにくらしの道具の変化を扱ったことを想起させ，振り返りを書かせる。

本時のポイント…本事例では3年生で洗濯機の変化を取り上げたので，テレビを扱いましたが，学校や児童の実態により，洗濯機や冷蔵庫，掃除機なども考えられます。

2章
授業の流れが一目でわかる！社会科5年板書型指導案

「工業製品とくらしの変化」 6／6時

ねらい これまで学習したことを白地図に書き加え，日本の工業生産の特色についてまとめる。

つけたい力と評価

これまでに学習したことを白地図に書き加え，学習問題の結論をまとめ，日本の工業の特色について主体的にまとめようとしている。

主体的に関わろうとする態度

課題 日本の工業生産には，どのような特色があるのだろうか。

まとめ 日本の工業生産は，輸送や気候の面から太平洋側でさかんで，人々のくらしとともに変化し，特に機械工業が発展（はってん）してきた。

| 白地図に調べたことをまとめよう | → | 日本の工業生産の特色を考えよう |

＜書き加えること＞
・工業生産額㊞
・機械工業の割合（わりあい）㊞
・人々のくらしの変化との関連
（より便利に，豊かに）

・日本各地でさかんな工業生産がちがう。
・輸送や気候の面で，太平洋側に集中している。
・工業生産額が増え，特に機械工業の割合が増えた。
・人々のくらしとともに変化してきた。
（より便利になった）

つかむ（5分）

＊第3時に作成した白地図を配布しておく。
①本時の学習課題を提示する。
②本時の学習の流れを説明する。

調べる（25分）

①これまでに学習したことを白地図に書き加えさせる。

教 日本の工業生産について説明するにあたって，書き加える内容は，何だろう？

児 生産額のこと。くらしの変化との関係。

②白地図にまとめたことをもとに，日本の工業生産の特色について話し合わせる。

まとめる（15分）

①話し合ったことを発表させ，学習問題の結論をまとめさせる。

②単元の振り返りを書かせる。

教 これで工業生産の特色がわかりましたが，いろいろと書き込んだ白地図を見て，これからさらに調べてみたいことを書きましょう。 **Point**

本時のポイント…「工業製品のつくり方を調べたい」「どのように運ばれるのか知りたい」など，次の単元につながる記述をチェックしておきましょう。

66

「自動車をつくる工業」 1／13時

ねらい　自動車と自分たちの生活との関わりや自動車の生産がさかんな地域について関心をもつ。

つけたい力と評価

自動車と自分たちの生活との関わりや自動車の生産がさかんな地域について関心をもち，追究しようとしている。

主体的に関わろうとする態度

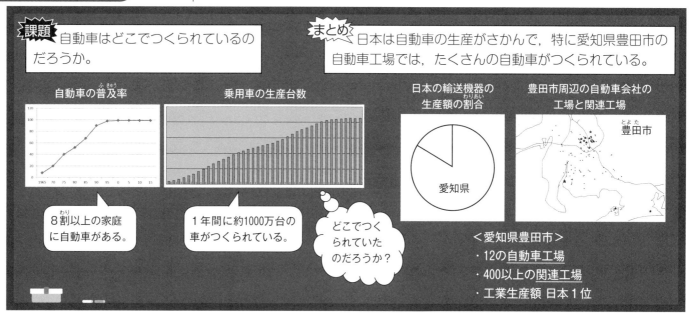

つかむ（15分）

①生活の中で利用する交通手段の話題から自動車と自分たちの生活について話し合わせる。
②「日本の自動車普及率の変化」のグラフを読み取らせる。
③「日本の乗用車の生産台数の変化」のグラフを読み取らせる。
④本時の学習課題を提示する。

調べる（20分）

①「日本の輸送機器の生産額の割合」のグラフから愛知県の自動車工業に着目させる。
②「豊田市周辺の自動車会社の工場と関連工場の分布図」から，組み立て工場と関連工場や豊田市が自動車工業のさかんな地域であることに気づかせる。 **Point**

まとめる（10分）

①本時の資料から読み取ったことを振り返り，日本は自動車工業がさかんであることや，愛知県豊田市ではたくさんの自動車工場と関連工場で自動車がつくられていることを確認する。
②本時のまとめをさせる。

Point 本時のポイント…愛知県豊田市に自動車工場と関連工場が集中していることは，今後の学習につながる大切な知識です。

2章 授業の流れが一目でわかる！社会科5年板書型指導案

「自動車をつくる工業」 2／13時

ねらい 自動車の生産台数や部品の数を関連づけ，学習問題を考える。

つけたい力と評価

自動車の生産台数や部品の数を関連づけることで生まれた問いをもとに，追究していくべき学習問題を見出している。

思考力・判断力・表現力等

課題 自動車工業について調べる学習問題を考えよう。

学習問題 自動車工場では，どのような工夫をしてたくさんの自動車をつくっているのだろうか。

自動車生産
　　ランキング
1　T自動車
2　W自動車
3　R自動車

T自動車の生産台数が一番多い。

何か工夫があるのかな？

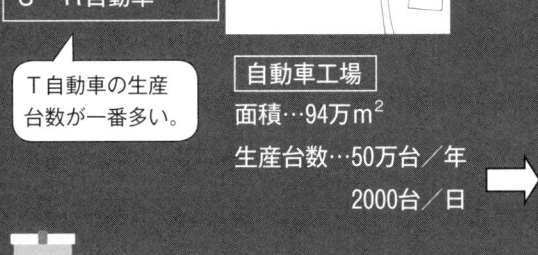

自動車工場
面積…94万m²
生産台数…50万台／年
2000台／日

どうやってたくさんの部品を短時間で組み立てるのだろうか？

自動車の部品の数
鉄，ガラス，プラスチック，布など様々な素材の部品がある。
3万個の部品からできている。

つかむ（10分）

①前時の学習を振り返り，「自動車メーカーの生産台数ランキング」を提示する。
②T自動車では，たくさんの自動車をつくっていることを読み取らせる。
③本時の学習課題を提示する。

調べる（25分）

①**教** T自動車の工場はどのようなところなのでしょうか？
　児 たくさんつくっているから大きい？
②「自動車工場の航空写真」を提示し，工場の大きさと生産台数を確認する。
③「自動車の部品」を提示し，自動車はたくさんの部品からできていることに気づかせる。

まとめる（10分）

①1日の生産台数と自動車の部品点数を関連づけ，疑問に思ったことを話し合わせる。
　教 3万点もの部品をつくったり組み立てたりしながら，どのようにして1日に2000台もの自動車をつくっているのでしょうか？
　児 はやく，たくさんつくる工夫があるのかな。
②児童の疑問をもとに学習問題をつくる。

本時のポイント…たくさんの部品からなる自動車を大量に生産していることから，生産の仕方に着目させ，学習問題につなげます。

「自動車をつくる工業」 3／13時

ねらい 学習問題に対する予想を考え，学習計画を立てる。

つけたい力と評価

生活経験や既習を生かし，学習問題に対する予想を考えている。

思考力・判断力・表現力等

課題 学習問題に対する予想を考え，学習計画を立てよう。

<予想>
○つくるときの工夫
・たくさんの人が働いている。
・役割を分担している。
・機械を使っている。
・たくさんの工場が協力している。

○たくさん売るための工夫
・安心して乗れる車をつくっている。
・みんなが買いたくなるような機能がある。
・外国にも売っている。

<調べること>
①工場で働く人の仕事の様子
②工場で使われている機械
③関連工場の役割
④自動車の機能
⑤完成した車の行き先

<調べ方>
①〜③ 見学で調べる。
④〜⑤ ホームページやパンフレットで調べる。

つかむ（5分）

①これまでの学習を振り返り，学習問題を確認する。

調べる（25分）

①学習問題に対する「予想」を考えさせる。
②児童が考えた予想を発表させ，「つくるときの工夫」と「たくさん売るための工夫」などに分類する。 **Point**
③予想した工夫を調べるために「調べること」と「調べ方」を考えさせる。

まとめる（15分）

①本時で考えた「予想」や「調べ方」をもとに学習計画を考えさせる。
②「調べること」を明確にし，次時の見学の視点を確認する。

Point 本時のポイント…「予想」を板書に分類して示すことで，「調べること」や「調べ方」を明確にすることができ，学習計画の作成につなげることができます。

「自動車をつくる工業」 4・5・6／13時

ねらい 工場見学を通して，自動車づくりの工程や働く人々の工夫や努力を調べる。

つけたい力と評価

見学・調査をする中で学習問題の解決に必要な情報を集め，ノートにまとめている。

知識及び技能

課題 自動車工場や関連工場で働く人たちの工夫や努力を見つけよう。

学習問題 自動車工場では，どのような工夫をしてたくさんの自動車をつくっているのだろうか。

＜調べること＞
①工場で働く人の仕事の様子
②工場で使われている機械
③関連工場の役割

つかむ（15分）

①身支度をし，持ち物を確認する。
②学校を出発する前に再度，確認する。
　・学習問題
　・見学計画
　・約束事

調べる（100分）

①見学や聞き取り調査をする。
　＊見学・聞き取り調査のポイント
　・工場で働く人の仕事の様子
　・工場で使われている機械
　・関連工場の役割

Point

まとめる（20分）

①帰校後，見学や聞き取り調査を通してわかったことをノートに記録させる。

Point ▶本時のポイント…見学中も児童が調べられているかよく観察し，必要に応じて支援をします。

「自動車をつくる工業」 7／13時

ねらい　工場見学を振り返り，組み立て工場の製造の工程についてまとめる。

つけたい力と評価

工場見学で調べたことをもとに，組み立て工場での製造工程や生産システムについて理解している。

知識及び技能

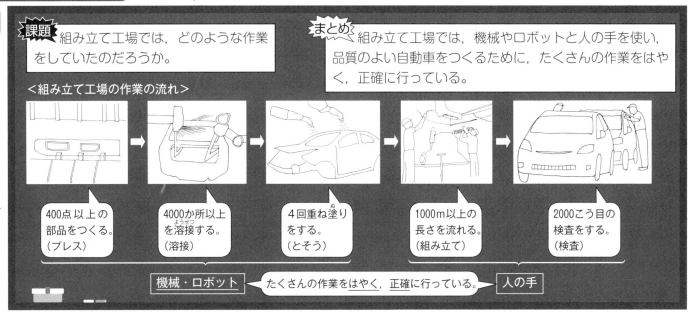

課題 組み立て工場では，どのような作業をしていたのだろうか。

まとめ 組み立て工場では，機械やロボットと人の手を使い，品質のよい自動車をつくるために，たくさんの作業をはやく，正確に行っている。

＜組み立て工場の作業の流れ＞

- 400点以上の部品をつくる。（プレス）
- 4000か所以上を溶接する。（溶接）
- 4回重ね塗りをする。（とそう）
- 1000m以上の長さを流れる。（組み立て）
- 2000こう目の検査をする。（検査）

機械・ロボット　たくさんの作業をはやく，正確に行っている。　人の手

つかむ（10分）

①見学の内容を振り返る。
　教　みなさんが見学したのは自動車会社の何という工場ですか？
　児　組み立て工場と関連工場です。
②本時の学習課題を提示する。

調べる（25分）

①組み立て工場の作業の流れ（工程）について見学してわかったことを発表させ，製造の工程を確認する。
②作業の流れ（工程）の中で行っていたことを発表させ，工程の中で品質のよい製品をつくるために様々なことを行っていることに気づかせる。

まとめる（10分）

①教　組み立て工場の作業の流れの中には，どのような工夫や努力がありますか？
　児　たくさんの作業をはやく正確に行うために，機械やロボット，人が分担して作業をしています。
②本時のまとめをさせる。

Point

本時のポイント…産業用ロボットなどを活用したオートメーションと人の手による工程を組み合わせることで，はやく正確な作業を行っていることに気づかせます。

2章 授業の流れが一目でわかる！社会科5年板書型指導案

「自動車をつくる工業」 8／13時

ねらい 組み立て工場で働く人の様子から，働く人の工夫について考える。

つけたい力と評価

工場見学で調べたことをもとに，組み立て工場で働く人の仕事の様子と目的を関連づけ，働く人たちの工夫を見出している。

――――――――

思考力・判断力・表現力等

課題 組み立て工場で働く人たちは，どのような工夫をしているのだろうか。

まとめ 組み立て工場では，よい品質の車を効率よくつくるために様々な工夫をしている。

＜組み立て工場の作業の流れ＞

    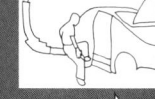

注文の色や種類が書かれている。

間ちがいやいじょうを知らせる。

部品の種類や数などの情報が書かれている。

車内の作業を行いやすくする。

イスにすわったまま作業ができる。

品質を保つための工夫　　部品を余らせないための工夫　　働きやすくするための工夫

つかむ（10分）

①見学の内容と前時の学習を振り返る。

教 今日は組み立て工場の作業をさらに細かく見て，働く人に着目して調べましょう。

②本時の学習課題を提示する。

調べる（25分）

①組み立て工場で働く人の工夫について，見学してわかったことを発表させる。

②働く人の工夫を関連づけ，どのような工夫なのか分類・整理させる。

教 見つけた工夫の中で似たものはありませんか？ それらは何のための工夫なのでしょうか？ **Point**

まとめる（10分）

①**教** さらに考えていくと，3つの工夫は何のための工夫になっているのでしょうか？

児 部品も作業も無駄がなく，品質のよい自動車をつくるための工夫です。

②本時のまとめをさせる。

Point 本時のポイント…工夫を関連づけたり分類・整理したりすることで，働く人々の工夫を明確に理解させることができます。

2章 授業の流れが一目でわかる！社会科5年板書型指導案

「自動車をつくる工業」 9／13時

ねらい 工場見学を振り返り，関連工場の製造の工程と工夫についてまとめる。

つけたい力と評価

工場見学で調べたことをもとに，関連工場の製造工程や働く人の優れた技術によって品質のよい部品が製造されていることを理解している。

知識及び技能

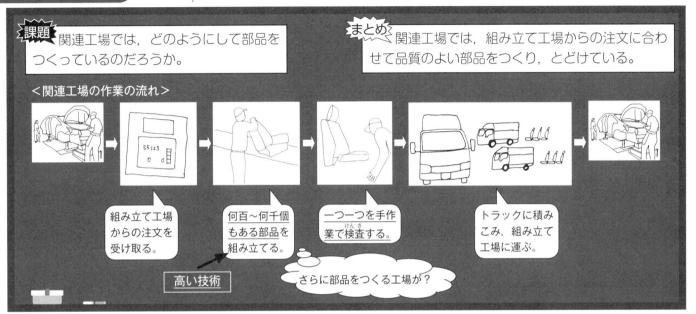

つかむ（10分）

①見学の内容と前時の学習を振り返る。
  教 前回までは組み立て工場について学習しましたが，今日は関連工場について学習していきましょう。
②本時の学習課題を提示する。

調べる（25分）

①関連工場の作業の流れ（工程）について見学してわかったことを発表させ，製造の工程を確認する。
②作業の流れ（工程）の中で行っていたことを発表させ，工程の中で品質のよい製品をつくるために高い技術を生かしていることや組み立て工場とつながっていることに気づかせる。 **Point**

まとめる（10分）

①本時の学習のまとめをさせる。
②次時の学習への見通しをもたせる。
  教 見学した関連工場で組み立てている何百から何千もの部品はどこでつくられているのでしょうか？

本時のポイント…中小工場では，働く人の優れた技術を生かして部品づくりを行っていることを理解できるようにします。

2章 授業の流れが一目でわかる！社会科5年板書型指導案

「自動車をつくる工業」 10／13時

ねらい 組み立て工場と関連工場を関連づけ，それらの結びつきを考える。

つけたい力と評価

組み立て工場と関連工場の工場相互の協力関係に着目し，それらの結びつきについて関係図をもとに考え，表現している。

思考力・判断力・表現力等

課題 3万点もある自動車の部品は，どこでつくられているのだろうか。

まとめ 自動車の部品はたくさんの関連工場でつくられる。組み立て工場と関連工場は一つの工場のように結びつくことで，効率よく自動車づくりをしている。

一つの工場のような関係になっている。

品質のよい部品を必要な数だけつくり，とどけるようにしている。

組み立て工場

注文 ⬇ ⬆ のう品

関連工場（1次部品工場）

シート，エアコン，エンジンなど

⬇ ⬆

関連工場（2次部品工場）

クッション，フレームきばんなど

⬇ ⬆

関連工場（3次部品工場）

布，ねじ，バネ，プラスチックなど

つかむ（10分）

①前時を振り返り，見学した関連工場に納品される部品がどこから来たのか考えさせる。

㉞ 見学した関連工場で組み立てている何百から何千もの部品はどこでつくられているのでしょうか？

②本時の課題を提示する。

調べる（25分）

①2次部品工場や3次部品工場でつくられる部品について調べさせる。

②組み立て工場と1次部品工場，2次部品工場や3次部品工場がどのように関係しているのか考えさせ，図で描かせる。

㉞ それぞれの工場は，どのように関係していますか？ **Point**

まとめる（10分）

①児童が作成した図を発表させ，関係性について話し合わせる。

②本時の学習のまとめをさせる。

Point 本時のポイント…図を作成させることで，組み立て工場（大規模な工場）と関連工場との結びつきを捉えさせることができます。

2章 「自動車をつくる工業」11／13時

ねらい 自動車会社のパンフレットやホームページを活用し，製品の工夫について調べる。

つけたい力と評価

自動車会社のパンフレットやホームページを活用し，自動車の機能について調べるために必要な情報を集め，読み取っている。

知識及び技能

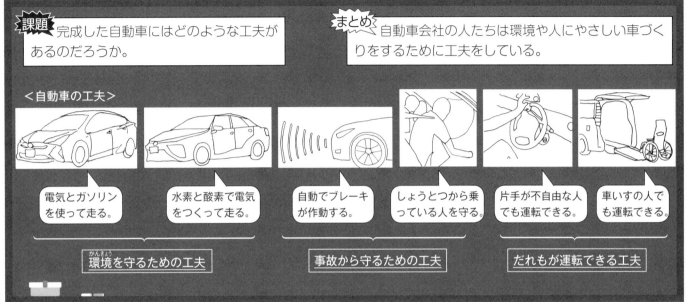

課題 完成した自動車にはどのような工夫があるのだろうか。

まとめ 自動車会社の人たちは環境や人にやさしい車づくりをするために工夫をしている。

＜自動車の工夫＞

- 電気とガソリンを使って走る。
- 水素と酸素で電気をつくって走る。
- 自動でブレーキが作動する。
- しょうとつから乗っている人を守る。
- 片手が不自由な人でも運転できる。
- 車いすの人でも運転できる。

環境（かんきょう）を守るための工夫　｜　事故から守るための工夫　｜　だれもが運転できる工夫

つかむ（5分）
①前時までの学習と学習問題に対する予想を振り返り，完成した自動車の機能に着目させる。
②本時の学習課題を提示する。

調べる（30分）
①完成した自動車の機能について，パンフレットとホームページを資料として調べさせる。
②調べたことを発表させる。
③自動車の機能を関連づけ，どのような工夫なのか分類・整理させる。
　教　見つけた機能の中で似たものはありませんか？　それらは何のための工夫なのでしょうか？

まとめる（10分）
①教　さらに考えていくと，3つの工夫は何のための工夫になっているのでしょうか？
　児　環境や人にやさしい自動車をつくるための工夫です。
②本時のまとめをさせる。

Point 本時のポイント…工夫を関連づけることで，消費者の需要（人にやさしい車）や社会の要請（環境にやさしい車）に応える製品を生産していることに気づかせます。

2章

授業の流れが一目でわかる！社会科5年板書型指導案

「自動車をつくる工業」 12／13時

ねらい 調べてきたことをもとに，学習問題の結論を考える。

⑩ 自動車を つくる工業

つけたい力と評価

調べてきたことをもとに，自動車工業で働く人たちの工夫を分類・整理し，消費者の需要と関連づけることを通して，学習問題の結論を考え，表現している。

───────

思考力・判断力・表現力等

課題 これまでの学習をふり返り，学習問題の結論（けつろん）を考えよう。

学習問題の結論 自動車工場や自動車工業で働く人たちは，消費者の願いにこたえるための様々な工夫をして，たくさんの自動車をつくっている。

＜自動車をつくる人たちの工夫＞

- だれもが運転できる工夫
- 事故から守るための工夫
- たくさんの作業をはやく，正確に
- 品質を保つための工夫
- 環境（かんきょう）を守るための工夫
- 部品を余らせないための工夫

＜消費者が自動車に求めていること＞

- 運転のしやすさ
- 安全性・安心感
- たい久性
- 燃費のよさ
- 価格

消費者の願い

つかむ（10分）

①本時の課題を提示する。

②調べてきたことをもとに，自動車工業で働く人たちの工夫を挙げさせる。

🎓 自動車工業で働く人の工夫には，どのようなものがありましたか？

調べる（25分）

①自動車工業で働く人たちの工夫を分類・整理させる。

②「消費者が自動車に求めていること」と分類・整理しまとめた工夫を関連づけさせ，自動車工業で働く人たちの働きを考えさせる。

Point

まとめる（10分）

①自動車工業で働く人たちの働きについて話し合わせる。

②話し合ったことをもとに，学習問題の結論を記述させる。

76

Point 本時のポイント…消費者の需要と自動車工業で働く人々の工夫を関連づけることで，自動車会社で働く人たちは，自動車の生産を通じて国民生活を支えていることに気づかせます。

2章 「自動車をつくる工業」 13／13時

ねらい　調べてきたことをもとに、これからの自動車づくりについて考える。

つけたい力と評価

将来的な社会の課題に合わせた自動車工業の取り組みについて調べ、自動車工業の発展について自分の考えをまとめている。

思考力・判断力・表現力等

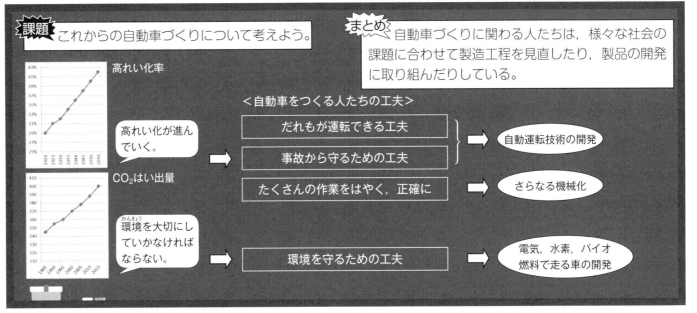

課題　これからの自動車づくりについて考えよう。

まとめ　自動車づくりに関わる人たちは、様々な社会の課題に合わせて製造工程を見直したり、製品の開発に取り組んだりしている。

＜自動車をつくる人たちの工夫＞

- 高れい化が進んでいく。 → だれもが運転できる工夫／事故から守るための工夫 → 自動運転技術の開発
- たくさんの作業をはやく、正確に → さらなる機械化
- 環境を大切にしていかなければならない。 → 環境を守るための工夫 → 電気、水素、バイオ燃料で走る車の開発

つかむ（10分）
① 「高齢化率」と「CO_2排出量」のグラフを提示し、これからの社会の課題について考えさせる。
② 本時の課題を提示する。

調べる（20分）
① 社会の課題に対して、学習してきた自動車工業で働く人たちの工夫がどのように役立つのか話し合わせる。
② 社会の課題に合わせた、将来に向けた自動車工業の取り組みについて写真資料やホームページから調べさせる。

まとめる（15分）
① 高齢化社会への対応や環境への負荷を少なくするために、自動車工業が取り組んでいることについてまとめさせる。
② これからの自動車工業の発展について自分の考えをまとめさせる。

本時のポイント…優れた技術やその向上が日本の工業をより発展させることに気づかせ、工業の発展について自分の考えをまとめられるようにします。

2章

授業の流れが一目でわかる！社会科5年板書型指導案

「工業生産を支える」 1／5時

ねらい 自動車の輸送について調べ，工業製品や原材料について調べる学習問題を考える。

つけたい力と評価

自動車の輸送について調べ，他の製品や原材料の輸送の方法に関心をもち，学習問題を追究しようとしている。

――――

主体的に関わろうとする態度

課題 完成した自動車はどこへ，どのようにして運ばれていくのだろうか。

学習問題 工業生産において，どのような原材料や製品がどのようにして運ばれているのだろうか。

組み立て工場　　キャリアカー　　運ばん船　　海外の販売店

原材料はどこからどのように運ばれてくるのだろう？

完成した自動車はトラックで運ばれたり，船で運ばれたりして，国内や海外の販売店まで運ばれていく。

国内の販売店

他の工業製品はどこへどのようにして運ばれていくのだろう？

つかむ（10分）

①「自動車をつくる工業」の学習を想起させ，完成した自動車がどのようにして運ばれていくのかを予想させる。
②本時の学習課題を提示する。

調べる（20分）

①自動車輸送会社のホームページから自動車が運ばれるまでの流れを読み取らせる。
②読み取ったことを発表させ，黒板にまとめる。

まとめる（15分）

①**教** 自動車はキャリアカーや船で運ばれていたけれど，他の製品はどこへどのようにして運ばれていくのでしょうか？ また原材料はどこから来るのでしょうか？ **Point**

児 いろいろな国に運ばれているのではないかな？ 船が多いのかな？
②児童の疑問をもとに学習問題を考えさせる。

本時のポイント…自動車の国内への輸送や海外への輸出から，他の製品や原材料の輸送や輸出入に視野を広げ，運輸の働きについて考えられる学習問題を設定します。

2章 「工業生産を支える」 2／5時

ねらい：日本の輸入の特色について，統計資料をもとに調べる。

つけたい力と評価

日本の輸入の特色について，各種統計資料から必要な情報を集め，読み取っている。

知識及び技能

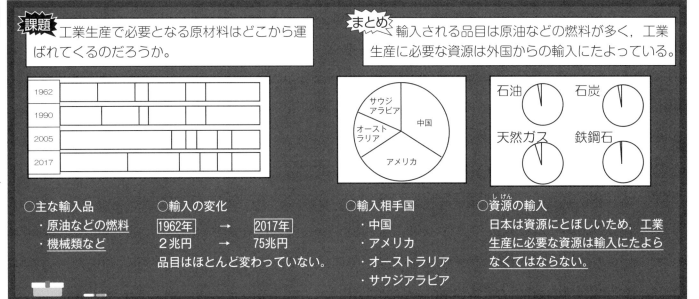

課題：工業生産で必要となる原材料はどこから運ばれてくるのだろうか。

まとめ：輸入される品目は原油などの燃料が多く，工業生産に必要な資源は外国からの輸入にたよっている。

○主な輸入品
・原油などの燃料
・機械類など

○輸入の変化
1962年 → 2017年
2兆円 → 75兆円
品目はほとんど変わっていない。

○輸入相手国
・中国
・アメリカ
・オーストラリア
・サウジアラビア

○資源の輸入
日本は資源にとぼしいため，工業生産に必要な資源は輸入にたよらなくてはならない。

つかむ（10分）

①前時の学習を振り返り，本時の学習課題を提示する。
②工業生産において，どのような原材料がどこから運ばれてくるのか予想させる。

調べる（25分）

①「主な輸入品の取り扱い額の割合の変化」を提示し，主な輸入品と輸入額や輸入品目の変化について調べさせる。
②「主な輸入品の輸入相手国」を提示し，輸入相手国を読み取らせる。
③「石油・石炭・天然ガス・鉄鋼石の輸入割合」を提示し，資源の輸入が必要であることに気づかせる。 **Point**

まとめる（10分）

①調べたことをもとに課題について話し合わせ，日本の輸入の特色を捉えさせる。
②本時のまとめをさせる。

本時のポイント…日本の輸入の特色として，資源の多くを輸入に頼っていることを理解させ，輸入による資源の確保が工業生産を支えていることに気づかせます。

2章

授業の流れが一目でわかる！社会科5年板書型指導案

「工業生産を支える」 3／5時

ねらい 日本の輸出の特色について，統計資料をもとに調べる。

つけたい力と評価

日本の輸出の特色について，各種統計資料から必要な情報を集め，読み取っている。

知識及び技能

課題 工業生産でつくられた製品はどこへ運ばれていくのだろうか。

まとめ 輸出される品目は機械や自動車などの工業製品が多く，その多くがアメリカや中国に運ばれていく。

1962				
1990				
2005				
2017				

台湾
アメリカ
韓国
中国

○主な輸出品
・電気製品
・集積回路（IC）
・自動車など

○輸出の変化
1960年	→	2017年
1.5兆円	→	78兆円
せんい，鉄鋼	→	機械

○輸出相手国
・アメリカ
・中国
・韓国など

○新しい輸出のあり方
現地生産…日本の製品を海外の工場でつくる。
製品の輸出だけでなく技術の輸出へ。

つかむ（10分）

①前時の学習を振り返り，本時の学習課題を提示する。
②工業生産において，どのような製品がどこへ運ばれていくのか予想させる。

調べる（25分）

①「主な輸出品の取り扱い額の割合の変化」を提示し，主な輸出品と輸出額や輸出品目の変化について調べさせる。
②「主な輸出品の輸出相手国」を提示し，輸出相手国を読み取らせる。
③「海外での技術指導」を提示し，製品の輸出だけでなく技術の輸出も行うようになったことに気づかせる。

Point

まとめる（10分）

①調べたことをもとに課題について話し合わせ，日本の輸出の特色を捉えさせる。
②本時のまとめをさせる。

本時のポイント…日本の工業の成長は輸出額の増加に大きく貢献し，工業製品の輸出によって大きな利益を得ていることに気づかせます。

2章 「工業生産を支える」 4／5時

ねらい　交通機関の分布図をもとに調べ、交通網の広がりや様々な輸送手段とその特徴を理解する。

つけたい力と評価

交通網の広がりや様々な輸送手段とその特徴について理解し、それらが工業生産にとって重要な役割を果たしていることを理解している。

知識及び技能

課題　輸入した原材料や輸出する製品はどのようにして運ばれているのだろうか。

まとめ　原材料や製品は全国各地に広がる交通もうを生かして、様々な輸送方法で運ばれている。

陸上輸送

トラックターミナル
→荷物を積みかえたり、共同集配したりして運ぶ。

貨物ターミナル
→貨物列車のための駅
大量の荷物を一度に運べる。

海上輸送

貿易港
→国内外へ貨物を輸送する。船は安くて大量に運べる。

石油コンビナート
→国内外で運ばれる石油をもとに石油製品をつくる。

航空輸送

空港
→少量で高価だけれども、速く運ぶことができる。

つかむ（10分）

①前時までの学習を振り返り、本時の課題を提示する。
②輸入した原材料や輸出する製品はどのようにして運ばれるのか予想させる。

調べる（25分）

①「主な高速道路や港、空港の分布図」を提示し、日本各地に様々な交通網が広がっていることに気づかせる。　**Point**
②資料集などから様々な輸送手段とその特徴や関係する施設を読み取らせる。

まとめる（10分）

①調べたことをもとに課題について話し合わせ、原材料や製品の輸送に関わる交通網の広がりを捉えさせる。
②本時のまとめをさせる。

本時のポイント…位置や空間的な広がりを視点に調べさせることで、日本各地に様々な交通網が広がっていることに気づかせます。

2章

授業の流れが一目でわかる！社会科5年板書型指導案

「工業生産を支える」 5／5時

ねらい これまでに学習したことをもとに学習問題の結論を導き出す。

つけたい力と評価

これまでに学習してきたことをもとに，学習問題の結論を導き出す中で，貿易や運輸が工業生産を支えていることについて思考・判断したことを表現している。

思考力・判断力・表現力等

課題 これまでに学習したことをもとに学習問題の結論（けつろん）を考えよう。

学習問題の結論 日本の工業生産は原材料や製品を運ぶ運輸の働きや，外国とのやりとりをする輸入や輸出などの貿易の働きによって支えられている。

輸入

交通もうを生かした運輸

貿易や運輸の働きがないと工場での生産はできない。

原材料

輸出

交通もうを生かした運輸

貿易や運輸の働きがないと工場で生産した製品は運べない。

製 品

つかむ（5分）

①前時までの学習を振り返り，本時の学習課題を把握する。

調べる（25分）

①学習したことをもとに輸入と輸出，原料や製品の輸送の流れを図にまとめさせる。

②作成した図を交流し，貿易や運輸の働きが工業生産とどのような関わりがあるのかを考えさせる。

Point

まとめる（15分）

①作成した図や話し合ったことをもとに，学習問題の結論を考えさせ，記述させる。

Point 本時のポイント…貿易や運輸の役割を考えさせることで，それらが工業生産を支えていることを理解できるようにします。

82

2章 授業の流れが一目でわかる！社会科5年板書型指導案

「情報産業とわたしたちのくらし」 1／9時

ねらい 身の回りの情報について調べ，情報の種類やメディアの特徴について理解する。

つけたい力と評価

身の回りにある情報の種類やメディアの特徴について理解している。

知識及び技能

課題 わたしたちはどのようにして情報を手に入れているのだろうか。

まとめ わたしたちのまわりには，たくさんの情報があり，わたしたちはメディアから様々な種類の情報を手に入れている。

＜情報利用の様子＞

だれが	種類	どんな	役立ったこと
父	テレビ	天気予報	雨にぬれなかった
母	インターネット	料理のレシピ	新しい料理方法を知ることができた

＜メディアの種類＞
・テレビ ・ラジオ ・新聞 ・雑誌
・インターネット（パソコン，スマホ）

＜メディアの特ちょう＞
・テレビ…動画と音声で伝える。
　　　　　大人から子どもまで楽しめる。
・ラジオ…音声で伝える。
　　　　　何かをしながら聞ける。
・新聞……文字で伝える。持ち運び可能。
　　　　　切り抜き保存できる。
・インターネット…文字や映像等で伝える。
　　　　　知りたい情報をすぐに調べられる。

つかむ（10分）

①情報について説明し，身の回りには，どのような情報があるのか話し合わせる。
　教　情報とは「物事の内容や事情についての知らせ」のことです。みなさんの身の回りにはどのような情報がありますか？
　児　天気予報です。
②本時の学習課題を提示する。

調べる（25分）

①誰が，どのような情報をどのようにして手に入れているのか，生活経験をもとに話し合わせ，まとめさせる。
②情報を得るために生活経験の中で利用しているメディアの種類を考えさせる。
③メディアの特徴について資料集などから調べさせる。

まとめる（10分）

①情報やメディアの多様性について話し合わせ，本時のまとめをさせる。

Point

本時のポイント…情報の多様性について考えることで，本小単元や「社会を変える情報」の学習において，情報を具体的に捉えられるようになります。

2章

授業の流れが一目でわかる！社会科5年板書型指導案

「情報産業とわたしたちのくらし」2／9時

ねらい 大震災発生時の報道の様子について調べ，ニュース番組の制作について関心をもつ。

つけたい力と評価

大震災発生時の放送局の放送を通して，情報を提供している産業と国民生活の様子について調べ，これからの学習に意欲的に取り組もうとしている。

――――――

主体的に関わろうとする態度

課題 放送局では，東日本大震災発生時の様子をどのようにして伝えたのだろうか。

まとめ 放送局では，東日本大震災の情報を様々な機関から情報を得て，それらをはやく伝えていた。

東日本大震災 〈発生〉

使命感

4分後
・地震の情報，現地から映像
・津波ひなんへのよびかけ
・放送予定番組，CMの中止
・緊急特番

ふだんから準備
・テレビカメラの設置
・原稿準備

はやく

つかむ（15分）

①東日本大震災のときのニュース映像を見せる。
②ニュース映像を振り返り，どのように番組が放送されていたのか話し合わせる。
　教 大きな地震や津波があったにもかかわらず，どのようにしてたくさんの情報を伝えたのでしょうか？
③本時の学習課題を提示する。

調べる（20分）

①情報の収集の仕方に着目させ，放送局と関係機関のつながりについて調べさせる。
②仙台市の放送局で働く人の話から，緊急時への備えや報道の仕事に対する思いについて調べさせる。

まとめる（10分）

①関係機関との連携や緊急時への備えの目的を考えさせ，話し合わせる。
　教 なぜ，様々な機関と連携したり，普段から緊急時への備えをしたりしているのでしょうか？
　児 ニュースを見ている人たちに情報をはやく伝えるためだと思います。
②本時のまとめをさせる。

Point

本時のポイント…テレビ局で働く人たちは，緊急時であっても，情報をはやく伝えるために工夫をしていることに気づかせます。

「情報産業とわたしたちのくらし」 3／9時

ねらい 報道現場の様子から、テレビ局の番組づくりについて調べたいことを出し合い、学習問題をつくる。

つけたい力と評価

マスメディアを通して、情報を提供している産業と国民生活の関わりについて調べ、学習問題を見出している。

思考力・判断力・表現力等

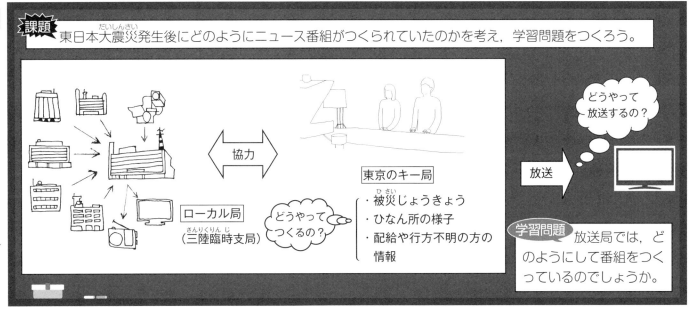

課題 東日本大震災発生後にどのようにニュース番組がつくられていたのかを考え、学習問題をつくろう。

- 被災じょうきょう
- ひなん所の様子
- 配給や行方不明の方の情報

東京のキー局　ローカル局（三陸臨時支局）

どうやってつくるの？　協力　放送　どうやって放送するの？

学習問題 放送局では、どのようにして番組をつくっているのでしょうか。

つかむ（10分）

①前時を振り返り、本時の学習課題を提示する。
②東日本大震災発生後に被災した地域の情報をテレビ局はどのように集め、放送していたのか考えさせる。

調べる（20分）

①テレビ局の人の話から、東京のキー局とローカル局が協力していたことに気づかせる。
②ニュースをつくる人たちの仕事について、もっと調べてみたいことを考えさせ、話し合わせる。　**Point**

まとめる（15分）

①学習問題をつくる。
②学習問題に対する予想を考えさせ、交流させる。

本時のポイント…これまでの学習や生活経験からテレビ番組の制作について疑問に思ったことを挙げさせ、学習問題につなげます。

2章
授業の流れが一目でわかる！社会科5年板書型指導案

「情報産業とわたしたちのくらし」 4／9時

ねらい ニュース番組ができるまでの流れを調べ，作業の意味を考える。

つけたい力と評価

ニュース番組ではたくさんの情報を収集し，選択・加工・整理して伝えていることを理解している。

知識及び技能

課題 放送局では，どのようにニュースを放送しているのだろうか。

まとめ ニュースが放送されるまでにはたくさんの作業があり，集めた情報を選んだり，編集したりして放送している。

〈ニュース番組ができるまで〉

①情報収集　②編集会議　③取材　④原稿作成　⑤映像の編集　⑥放送

・必要な情報をよりはやく正確に集める。
・話し合ってニュースを選ぶ。
・取材を決める。
・念入りに
・日本も世界も
・見比べる。
・ニュース番組で読まれる原稿をつくる。
・音声や文字も入れる。
・人権や公平・公正さ。

はやく，正確に，わかりやすく

つかむ（10分）

①これまでの学習を振り返り，ニュース番組の放送の裏側に着目させる。

　㊙ いつもわたしたちが見ているニュース番組は誰がどのようにしてつくっているのでしょうか？

②本時の学習課題を提示する。

調べる（20分）

①資料集などから，ニュース番組ができるまでの流れを調べさせる。

②一つ一つの作業の中で大切にしていることを，調べさせる。

まとめる（15分）

①ニュース番組ができるまでの流れから，テレビ局の人たちが，たくさんの作業を行っている意味を考えさせ，話し合わせる。　**Point**

　㊙ なぜたくさんの作業を行うのでしょうか？

②本時のまとめをさせる。

本時のポイント…ニュース番組では，はやく，正確に，わかりやすくニュースを伝えるために，集めた情報を選択・加工・整理していることに気づかせます。

86

2章 授業の流れが一目でわかる！社会科5年板書型指導案

「情報産業とわたしたちのくらし」 5／9時

ねらい テレビ欄から，テレビ局の番組編成について調べる。

つけたい力と評価

テレビ欄からテレビ局が視聴者に合わせて番組編成を工夫していることを読み取っている。

知識及び技能

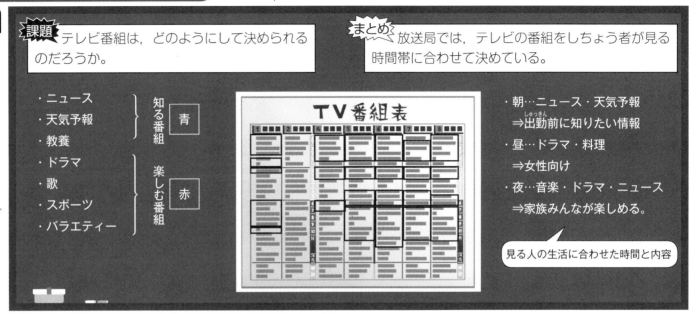

課題 テレビ番組は，どのようにして決められるのだろうか。

- ニュース ┐
- 天気予報 ├ 知る番組　青
- 教養　　 ┘
- ドラマ　 ┐
- 歌　　　 ├ 楽しむ番組　赤
- スポーツ │
- バラエティー ┘

TV番組表

まとめ 放送局では，テレビの番組をしちょう者が見る時間帯に合わせて決めている。

- 朝…ニュース・天気予報
  ⇒出勤前（しゅっきん）に知りたい情報
- 昼…ドラマ・料理
  ⇒女性向け
- 夜…音楽・ドラマ・ニュース
  ⇒家族みんなが楽しめる。

見る人の生活に合わせた時間と内容

つかむ（10分）

①ニュース番組以外に，生活の中でどのような番組を見ているのか話し合わせる。
②本時の学習課題を提示する。
　教　テレビ番組は1つのチャンネルから同じ時間には1つしか放送ができないけれども，放送する番組は，どのようにして決められているのでしょうか？

調べる（25分）

①新聞のテレビ欄から，どの時間にどのような番組が放送されているのか読み取らせ，「知る番組」は青色，「楽しむ番組」は赤色で塗らせる。
　児・ニュース番組は一日に何度も放送されています。
　・アニメは夕方から夜にかけて放送されています。

まとめる（10分）

①読み取ったことをまとめ，放送時間と放送番組の関係について話し合わせる。
②本時のまとめをさせる。

Point

本時のポイント…テレビ局は視聴者が見る時間に合わせて番組を編成していることに気づかせます。

「情報産業とわたしたちのくらし」 6／9時

ねらい これまでに調べてきたことを振り返り，学習問題の結論を導き出す。

つけたい力と評価

これまでに調べてきたことをもとに学習問題の結輪を導き出している。

――――――――

思考力・判断力・表現力等

課題 これまでの学習をふり返り，学習問題の結論（けつろん）を考えよう。

学習問題 放送局では，どのようにして番組をつくっているのでしょうか。

一つ一つ工夫しながらつくられている。

学習問題の結論 放送局では，はやく正確にわかりやすく情報を伝えたり，見る人に合わせて番組を決めたりするなどの工夫をしている。

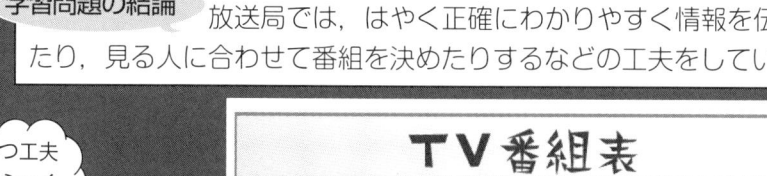

はやく，正確に，わかりやすく

つかむ（10分）

①本時の学習課題を提示する。
②これまで学習してきたことを振り返らせ，黒板に位置づけていく。

調べる（25分）

①テレビ局の人の話から，取材をしたにもかかわらず，編集会議の中で放送が見送られたニュースがあることに気づかせる。 **Point**

②**教** なぜ，わざわざ取材をしたにもかかわらず，放送されないニュースが生まれるのでしょうか？

まとめる（10分）

①放送局の人たちは，はやく，正確にわかりやすいニュースをつくるために仕事をしていることを確認する。
②学習問題の結論を考えさせ，記述させる。

Point 本時のポイント…テレビ局の人たちが大切にしていることに改めて気づかせることができます。

「情報産業とわたしたちのくらし」7・8／9時

ねらい テレビ放送における問題について調べ，情報のマイナスの面について考える。

つけたい力と評価

テレビ放送における誤報や風評被害，メディアスクラムなどの問題から情報のマイナスの面について考え，表現している。

思考力・判断力・表現力等

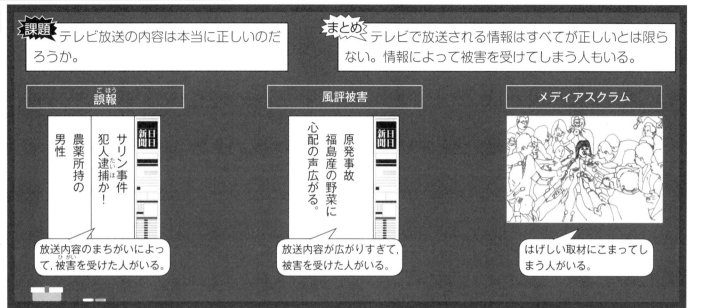

課題 テレビ放送の内容は本当に正しいのだろうか。

まとめ テレビで放送される情報はすべてが正しいとは限らない。情報によって被害を受けてしまう人もいる。

- 誤報：サリン事件 犯人逮捕か！ 農薬所持の男性 / 放送内容のまちがいによって，被害を受けた人がいる。
- 風評被害：原発事故 福島産の野菜に心配の声広がる。/ 放送内容が広がりすぎて，被害を受けた人がいる。
- メディアスクラム：はげしい取材にこまってしまう人がいる。

つかむ（10分）

①前時までの学習を振り返り，テレビ局は，はやく正確にわかりやすく情報を伝えようとしていることを確認する。
②本時の学習課題を提示する。

調べる（70分）

①ニュース番組で起きた誤報を取り上げ，課題について話し合わせる。
　児　たくさんの情報を放送しているのだから，まちがいがあるのは仕方がないと思います。
②情報に関わるその他の問題（風評被害，メディアスクラム）について，新聞記事やインターネットで調べさせる。

まとめる（10分）

①はやく，正確に，わかりやすく放送するために情報を集めていても，誤報が生まれてしまうことがあることや，風評被害もメディアスクラムも情報を伝えたいがために起きてしまった問題であることに気づかせる。
②本時のまとめをさせる。

本時のポイント…テレビ放送のマイナスの面を見ていくことで，情報の生かし方について考えられるようになります。

2章
授業の流れが一目でわかる！社会科5年板書型指導案

「情報産業とわたしたちのくらし」 9／9時

ねらい 情報を送る側と受け取る側が大切にしなければならないことについて考え，情報の活用の仕方について考える。

つけたい力と評価

情報の有効活用について，送り手と受け手の立場から多角的に考え，情報の活用の仕方について考え，表現している。

思考力・判断力・表現力等

課題 わたしたちは，テレビの情報をどのように生かしていけばよいのだろうか。

まとめ わたしたちは，必要な情報を選んで生活に生かすことが大切である。

プラスの面

＜送る側＞
・公平で中立的な情報を発信する。
・受け手の立場になって伝える。

マイナスの面

・つけているだけで，様々な情報が得られる。
・映像と音声があってわかりやすい情報を得られる。

＜受け取る側＞
・いろいろな放送局の内容を見比べる。
・情報をうのみにせずに冷静に判断する。

・大きなえいきょう力がある。
・報道被害を受けたり混乱したりすることもある。
・まちがえるときもある。

つかむ（5分）

①前時を振り返り，本時の学習課題を提示する。

調べる（25分）

①テレビ放送のプラスの面とマイナスの面について話し合わせる。
②情報の活用について，送り手と受け手側から多角的に調べさせ，話し合わせる。 **Point**

まとめる（15分）

①情報の受け手として，自分たちはどのように情報を活用していきたいか話し合わせる。
②自分が今後どのように情報を活用していきたいのかまとめさせる。

本時のポイント…情報の活用について，情報の送り手側と受け手側の立場から多角的に考えることで，情報の活用方法について考えられるようになります。

「社会を変える情報」 1／10時

ねらい インターネットショッピングに関心をもち，資料から読み取ったことをもとに，学習問題をつくる。

つけたい力と評価

インターネットショッピングのしくみについて問いをもち，学習問題の解決に向けて主体的に取り組もうとしている。

主体的に関わろうとする態度

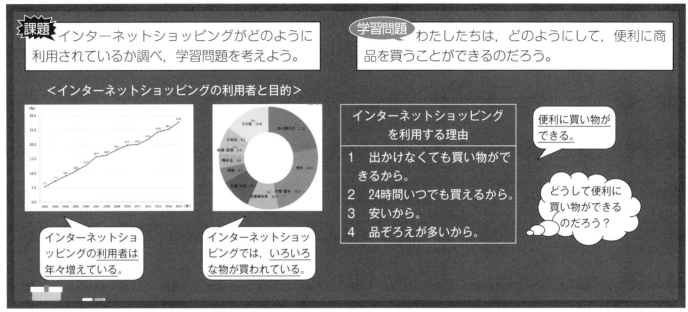

課題 インターネットショッピングがどのように利用されているか調べ，学習問題を考えよう。

学習問題 わたしたちは，どのようにして，便利に商品を買うことができるのだろう。

＜インターネットショッピングの利用者と目的＞

インターネットショッピングを利用する理由
1　出かけなくても買い物ができるから。
2　24時間いつでも買えるから。
3　安いから。
4　品ぞろえが多いから。

- インターネットショッピングの利用者は年々増えている。
- インターネットショッピングでは，いろいろな物が買われている。
- 便利に買い物ができる。
- どうして便利に買い物ができるのだろう？

つかむ（15分）

①家庭でのインターネットショッピングの利用経験について話し合わせる。
　教　みなさんの家庭では，インターネットを使って何かを買ったことがありますか？
　児　お父さんが本を買っていたよ。
　　　お母さんは洋服を買っていた。
②本時の学習課題を提示する。

調べる（15分）

①インターネットショッピングの利用者の割合と目的について，資料をもとに調べさせる。
②「インターネットショッピングを利用する理由」から消費者は便利さを求めて買い物をしていることに気づかせる。

まとめる（15分）

①インターネットショッピングでは，注文した商品が，どのようにして届くのかを考えさせ，図に描かせる。
　教　どのようにして商品が届くかわかりますか？
　児　みんなの考えはちがうし，調べてみないとわかりません。
②学習問題をつくる。

Point 本時のポイント…インターネットショッピングのしくみを想像させて描かせることで，児童に知識の不確かさを感じさせ，追究意欲を高めます。

2章 授業の流れが一目でわかる！社会科5年板書型指導案

「社会を変える情報」 2／10時

ねらい ショッピングサイトでは，ビッグデータを活用し，買い物がしやすくなるような工夫をしていることに気づく。

つけたい力と評価

ショッピングサイトから消費者が買い物をしやすくするための工夫を読み取っている。

知識及び技能

課題 ショッピングサイトでは，消費者が買い物をしやすくするためにどのような工夫をしているのだろうか。

まとめ インターネットショッピングでは，たくさんの消費者から集めた多様な情報を活用することで，買い物をしやすくしている。

＜買い物しやすくなる工夫＞

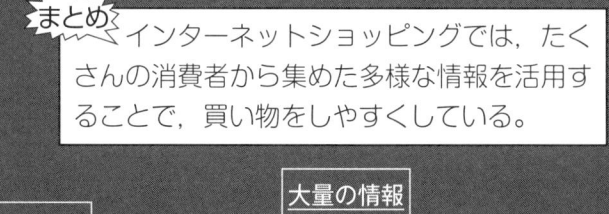

ビデオカメラAKM0312と一緒に購入されている

○○といっしょに購入されている商品

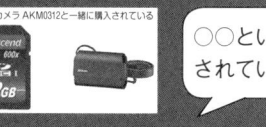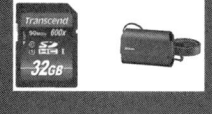

おもちゃの売れ筋ランキング その他を表示

売れ筋ランキング

ショッピングサイトの月間利用者数

40000000件

・どれだけ売れたのかを数えている？
・どんな人が何を買ったのか調べている？

大量の情報

情報

つかむ（10分）

①前時を振り返り，前時に作成した図のスタートにあたるショッピングサイトから調べることを確認する。
②本時の学習課題を提示する。

調べる（25分）

①ショッピングサイトを閲覧し，消費者が買い物をしやすくするための工夫を見つけさせる。
②売れ筋の商品を紹介する機能に着目させ，話し合わせる。

教 売れ筋のランキングはどのようにして決めているのでしょうか？

児 何がどれだけ売れたのかを数えている？

まとめる（10分）

①ショッピングサイトの月間利用者数を提示し，4000万件の買い物の情報をどのように活用しているのか話し合わせる。**Point**
②大量で多様な情報が活用されていることを確認する。
③本時のまとめをさせる。

本時のポイント…4000万件の買い物の情報について着目させることで，ショッピングサイトは，大量で多様な情報を活用していることに気づかせます。

2章 「社会を変える情報」 3／10時

ねらい　ショッピングサイトでは，大量の情報や個人情報を活用し，買い物がしやすくなるような工夫をしていることを理解する。

つけたい力と評価

消費者が買い物をしやすくするために，インターネットショッピングは，大量の情報や個人情報を活用していることを理解している。

知識及び技能

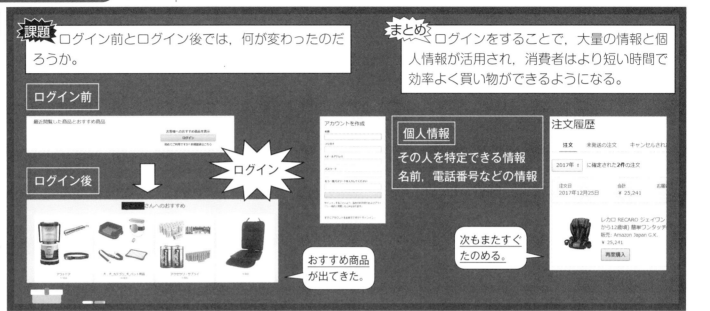

- **課題**　ログイン前とログイン後では，何が変わったのだろうか。
- **まとめ**　ログインをすることで，大量の情報と個人情報が活用され，消費者はより短い時間で効率よく買い物ができるようになる。
- ログイン前
- ログイン後
- ログイン
- **個人情報**　その人を特定できる情報　名前，電話番号などの情報
- おすすめ商品が出てきた。
- 次もまたすぐたのめる。

つかむ（10分）

①前時を振り返り，ショッピングサイトでは，ビッグデータを活用することで買い物をしやすくしていたことを確認する。
②ログインしたショッピングサイトを見せ，ログイン前の画面と変化していることに気づかせる。
③本時の学習課題を提示する。

調べる（25分）

①ログインした後のショッピングサイトでは何が変わったのか調べさせる。
②なぜショッピングサイトの内容が変化したのか考えさせる。
　教　なぜサイトの内容が変わったのでしょうか？
　児　買う人の情報が関係していると思います。
③個人情報について説明する。

まとめる（10分）

①個人情報が消費者の買い物のしやすさに与える影響を話し合わせる。
　教　個人情報を活用することで，消費者にはどんなよさがありますか？
　児　一度買ったものをすぐに探せます。情報をもう一度入力しなくてもよくなります。
②本時のまとめをさせる。

本時のポイント…インターネットショッピングでは，個人情報が活用されることで，短時間で効率よく買い物ができるようになっていることを理解させます。

2章 授業の流れが一目でわかる！社会科5年板書型指導案

「社会を変える情報」 4／10時

ねらい 作成した図をもとに，販売において情報がどのように活用されているのかを考える。

つけたい力と評価

大量の情報や個人情報を活用することで，消費者に合わせた注文ができることを作成した図をもとに考え，表現している。

思考力・判断力・表現力等

課題 ショッピングサイトでは，様々な情報をどのように活用しているのだろうか。

新しいゲームがほしいなぁ

注文

注文はどこに行くのかな？

大量の情報や個人情報が活用されているから，ほしいものがすぐ買える。

まとめ インターネットショッピングが，インターネット上に店をもち，大量の情報や個人情報を活用することで，わたしたちはいつでもどこでも自分に合ったものを買うことができる。

24時間動いているデータセンターと情報がやりとりされている。

注文情報

確認メール

データセンター

つかむ（10分）

①前時を振り返り，ショッピングサイトに送信した注文がどのように扱われているのか問いかける。

教 サイトに送信した注文はどこに行き，どのように扱われているのでしょうか？

児 メールはお店に行き，お店の人が注文に合わせて商品を探しているのかな？

②本時の学習課題を提示する。

調べる（20分）

①注文の行き先にあたるデータセンターが注文情報をどのように扱っているのか調べさせる。

②注文確定後に送られてくる注文確定メールを調べ，注文情報がデータセンターで処理されていたことを確認する。

まとめる（15分）

①消費者の注文情報がどのように扱われているのかを図にまとめさせる。 **Point**

②第2時から本時までの学習のまとめをさせる。

本時のポイント…様々な情報が販売において，どのように活用されているのかを考えさせます。

2章 授業の流れが一目でわかる！社会科5年板書型指導案

「社会を変える情報」 5／10時

ねらい 各種資料から，フルフィルメントセンターの役割について調べる。

つけたい力と評価

図や写真，発送メールなどの資料から注文してから商品が届くまでの流れについて必要な情報を読み取っている。

知識及び技能

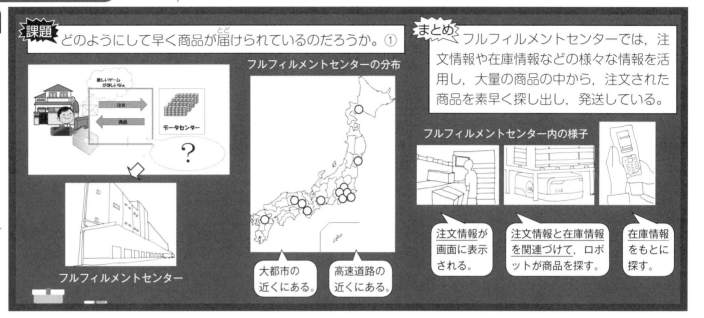

つかむ（10分）

① これまでの学習を振り返り，商品を購入するときに様々な情報が活用されていたことを確認する。
② 教 いつでも商品を買うことができるしくみはわかりましたが，どうして注文した商品が早く届くのでしょうか？
③ 本時の課題を提示する。

調べる（25分）

① フルフィルメントセンターの写真を提示する。
② フルフィルメントセンターの立地図を提示し，読み取らせる。
③ 写真や動画などの資料を活用し，フルフィルメントセンターの内部での注文情報や在庫情報の扱い方について調べさせる。 **Point**

まとめる（10分）

① フルフィルメントセンター内では多様な情報が扱われていたことを捉えさせ，本時のまとめをさせる。

本時のポイント…フルフィルメントセンター内では，注文情報や在庫情報などの様々な情報が活用されていることに気づかせます。

2章

授業の流れが一目でわかる！社会科5年板書型指導案

「社会を変える情報」 6／10時

ねらい 作成した図をもとに，運輸において情報がどのように活用されているのかを考える。

つけたい力と評価

大量の情報を活用し，消費者に商品を早く届けるための工夫について，図をもとにして考え，表現している。

――――――

思考力・判断力・表現力等

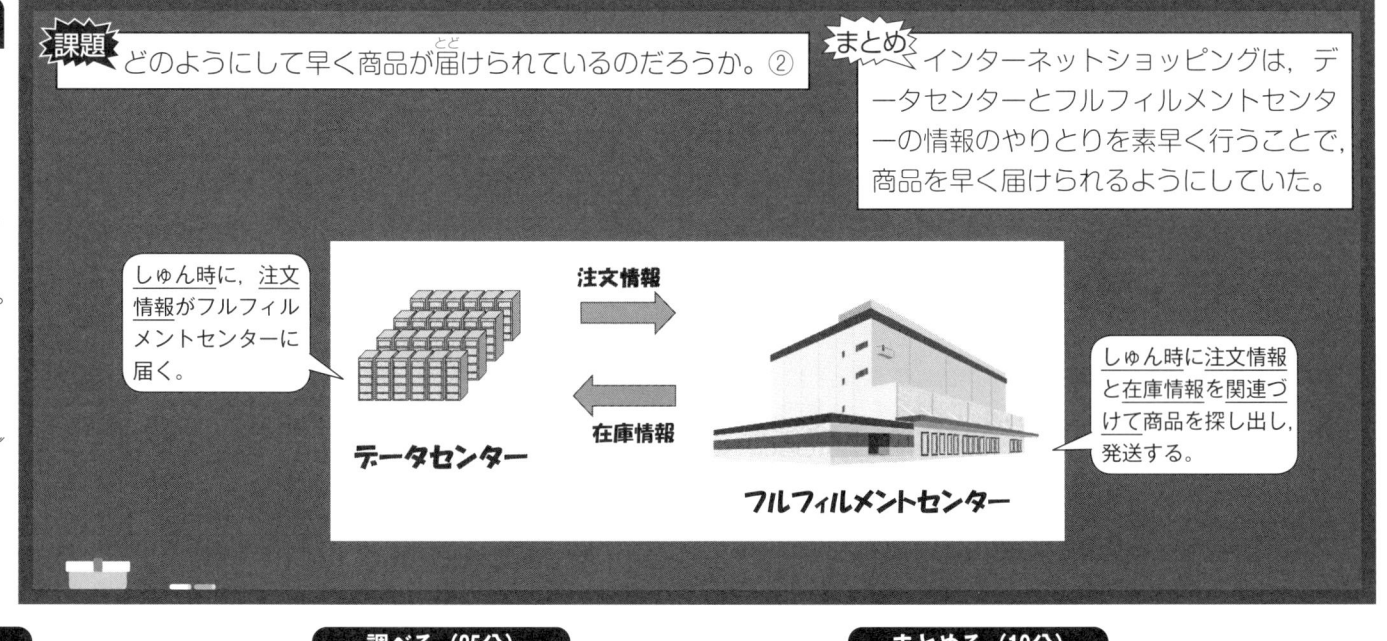

課題 どのようにして早く商品が届けられているのだろうか。②

まとめ インターネットショッピングは，データセンターとフルフィルメントセンターの情報のやりとりを素早く行うことで，商品を早く届けられるようにしていた。

しゅん時に，注文情報がフルフィルメントセンターに届く。

注文情報

在庫情報

データセンター

フルフィルメントセンター

しゅん時に注文情報と在庫情報を関連づけて商品を探し出し，発送する。

⑬ 社会を変える情報

つかむ（10分）

①フルフィルメントセンターの役割を振り返り，改めて商品が早く届くしくみを問う。

②敎 どうして注文した商品が早く届くのでしょうか？

③本時の学習課題を提示する。

調べる（25分）

①注文情報が活用され，商品を発送するまでの流れを図に描かせる。

②図を交流し，商品を早く届けるために，情報がどのように活用されていたのか話し合わせる。

Point

まとめる（10分）

①輸送の面においてもデータセンターとフルフィルメントセンターの間やフルフィルメントセンター内で，注文情報や在庫情報などの様々な情報が活用されていたことを確認し，前時と本時の学習のまとめをさせる。

Point 本時のポイント…商品を消費者に早く届けるために，輸送の面においても，様々な情報が活用されていることに気づかせます。

「社会を変える情報」 7／10時

ねらい これまでの学習を振り返り，学習問題の結論を導き出す。

つけたい力と評価

大量の情報を収集・活用することにより，販売や運輸等のサービスの向上が図られ，便利に買い物ができるようになったことを考え，表現している。

思考力・判断力・表現力等

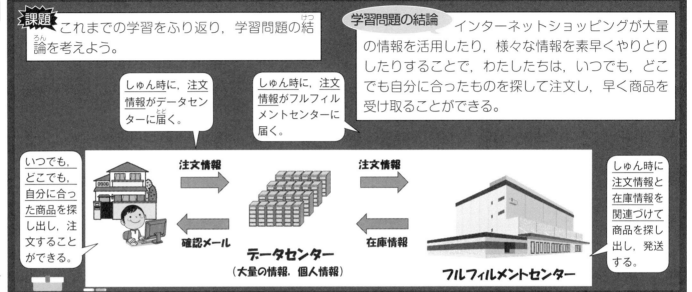

課題 これまでの学習をふり返り，学習問題の結論を考えよう。

学習問題の結論 インターネットショッピングが大量の情報を活用したり，様々な情報を素早くやりとりしたりすることで，わたしたちは，いつでも，どこでも自分に合ったものを探して注文し，早く商品を受け取ることができる。

- しゅん時に，注文情報がデータセンターに届く。
- しゅん時に，注文情報がフルフィルメントセンターに届く。
- いつでも，どこでも，自分に合った商品を探し出し，注文することができる。
- しゅん時に注文情報と在庫情報を関連づけて商品を探し出し，発送する。

注文情報 → データセンター（大量の情報，個人情報） → 確認メール
注文情報 → フルフィルメントセンター → 在庫情報

つかむ（10分）
①第4時と第6時で作成した図をもとにこれまでの学習を振り返る。
②本時の課題を提示する。

調べる（25分）
①第4時と第6時に作成したインターネットショッピングのしくみの図をつなぎ合わせる。
②第1時で作成したしくみの図と比較し，ちがいについて話し合わせる。
③情報がどのように活用されていたのかを考えさせ，図に書き込ませる。

まとめる（10分）
①インターネットショッピングでは，多様な情報が活用され，それらによって便利に買い物ができることを確認する。
②学習問題の結論を考えさせ，記述させる。

本時のポイント…インターネットショッピングが様々な情報を活用することで，買い物の利便性が向上したことに気づかせます。

2章

授業の流れが一目でわかる！社会科５年板書型指導案

「社会を変える情報」 8／10時

ねらい 様々な立場の人たちのインターネットショッピングの活用方法を調べ，国民生活に果たす役割を考える。

つけたい力と評価

インターネットショッピングと様々な立場の人の関わりについて多角的に調べ，情報産業の発展が国民生活に果たす役割を考え，表現している。

思考力・判断力・表現力等

課題 インターネットショッピングがどのような人たちに，どのように活用されているのか調べよう。

まとめ インターネットショッピングを利用することで，様々な立場の人たちの生活が便利になり，わたしたちの生活は豊かになっている。

買い物は市内まで40分

高れい者
重たい物も届けてくれる。
子育て世代
働く人
いつでも買い物ができる。
外国人
品ぞろえが豊富。
買い物に行かなくてもよい。
過そ地に住む人

インターネットショッピング

つかむ（10分）

①過疎地域でインターネットショッピングが活用されている事例を取り上げる。
②本時の学習課題を提示する。

調べる（25分）

①様々な立場の人たちにとってのインターネットショッピングよさについて，レビューや「世代別のインターネットを利用する理由」などのグラフをもとに調べさせる。
②調べてわかったことを交流させる。

まとめる（10分）

①様々な立場の人たちとインターネットショッピングの関わりについて，話し合わせる。
②本時のまとめをさせる。

Point

本時のポイント…インターネットショッピングが様々な情報を活用することで発展し，国民生活を向上させたことに気づかせます。

2章 授業の流れが一目でわかる！社会科5年板書型指導案

「社会を変える情報」 9／10時

ねらい インターネットショッピング以外での情報の活用のされ方について調べる。

つけたい力と評価

インターネットは様々な場面で活用され，国民生活を向上させていることを理解している。

思考力・判断力・表現力等

課題 情報はどのような場面で，どのような人たちに活用されているのか調べよう。

まとめ 情報は様々な場面で活用され，様々な立場の人たちの生活をよりよくしている。

＜販売（はんばい）＞
○いつでもどこでも自分に合った商品を買うことができる。
○品ぞろえが豊富。
○重たい物も運んでくれる。

＜観光＞
○いつでもどこでも予約ができる。
○価格を比かくして選ぶことができる。

＜医りょう＞
○過そ地域（ちいき）に住んでいてもよりよい医りょうを受けられる。
○病気や手術をしたときの情報が引きつがれる。

＜福祉（ふくし）＞
○お年寄りの人たちの生活を見守ってくれる。
○はなれて住む家族とつながることができる。

つかむ（10分）

①前時までの学習を振り返り，インターネットショッピングでは，企業が情報を有効活用することで国民生活が豊かになったことを確認する。
②本時の学習課題を提示する。

調べる（25分）

①インターネットショッピング以外の情報を有効に活用している産業の事例を調べさせる。
②調べてわかったことを交流させる。

まとめる（10分）

①インターネットショッピングだけでなく，様々な産業が情報を有効的に活用し，国民生活を豊かにしていることを確認する。
②本時のまとめをさせる。

本時のポイント…様々な産業が情報を活用することで発展し，国民生活を向上させたことに気づかせます。

2章

授業の流れが一目でわかる！社会科5年板書型指導案

「社会を変える情報」 10／10時

ねらい 情報化社会の中で，情報を活用する際に気をつけなければならないことについて考える。

つけたい力と評価

情報化社会の中で，情報を活用する際には，個人情報の扱い方に気をつけて，安全に利用することが大切であることを理解している。

知識及び技能

課題 わたしたちは，情報化された社会の中で，どのようなことに気をつけていけばよいのだろうか。

まとめ 個人情報のあつかいに気をつけて利用することが大切である。

個人情報の流出

様々な情報を活用しているき業

個人情報

売り買いでだまされた。

わたしたち

お客の個人情報を大切にあつかうべき。

自分の個人情報はむやみに教えない。

⑬ 社会を変える情報

つかむ（15分）

①前時を振り返り，情報を活用する様々な産業が発展し，国民生活を向上させてきたことを確認する。
②企業の個人情報の流出やインターネットショッピングの売り買いで騙された事例を取り上げ，本時の学習課題を提示する。

調べる（20分）

①情報化された社会の中で，どのようなことに気をつければよいのか考えさせる。
②考えたことをもとに，話し合わせる。

まとめる（10分）

①自分が気をつけるべきだと考えたことを本時のまとめとして記述させる。

Point

本時のポイント…高度に情報化した社会においては自他の個人情報の保護や適切な扱いが必要であることに気づかせます。

2章 授業の流れが一目でわかる！社会科5年板書型指導案

「わたしたちの生活と森林」 1／5時

ねらい 国土の中の森林の様子について調べ、学習問題を考える。

つけたい力と評価

国土の中の森林の様子について調べ、天然林と人工林の比較から、森林の働きについて意欲的に調べようとしている。

主体的に関わろうとする態度

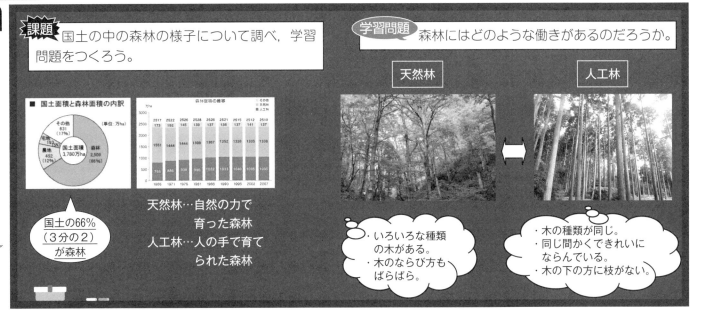

課題 国土の中の森林の様子について調べ、学習問題をつくろう。

学習問題 森林にはどのような働きがあるのだろうか。

天然林…自然の力で育った森林
人工林…人の手で育てられた森林

国土の66％（3分の2）が森林

天然林
・いろいろな種類の木がある。
・木のならび方もばらばら。

人工林
・木の種類が同じ。
・同じ間かくできれいにならんでいる。
・木の下の方に枝がない。

つかむ（10分）

①インターネットの地図ソフトで日本の衛星写真と外国の衛星写真を比較し、日本の森林面積の多さに気づかせる。
②本時の学習課題を提示する。

調べる（25分）

①「国土の面積における森林の割合」を提示し、国土の3分の2が森林であることを読み取らせる。
②「天然林と人工林の面積」を提示し、森林には天然林と人工林があることを確認する。
③2枚の写真を提示し、天然林と人工林を比較させ、ちがいについて話し合わせる。

まとめる（10分）

①教 なぜ天然林と人工林があるのでしょうか？　同じ森林でも働きにちがいはあるのでしょうか？
児 天然林には働きはないけれど、人工林には働きがあるのではないかな？
②学習問題を考えさせる。

 Point

本時のポイント…天然林と人工林のちがいや働きのちがいを問うことで、学習問題につなげます。

2章 授業の流れが一目でわかる！社会科5年板書型指導案

「わたしたちの生活と森林」 2／5時

ねらい 天然林の働きについて森林管理局のホームページを活用して調べる。

つけたい力と評価

森林管理局のホームページを活用し，天然林の働きについて必要な情報を集め，読み取っている。

――――
知識及び技能

課題 天然林はどのようなところなのだろうか。

まとめ 天然林は様々な樹木や野生動物のすみかとなっているところで，森林管理局で働く人たちの取り組みによって，守られている。

天然林 …自然の力で育った森林

↓

生き物のすみか？

どのような場所？

森林管理局 森林を育てたり守ったりする仕事

どんなことをしている？

| 保護林の指定 | 樹林（じゅりん）の保護 | 動物の保護 | 捕獲（ほかく） | 教育活動 |

樹木や野生動物を守るための取り組みをしている。

↓

天然林の豊かな自然を守っていくためには，人の手が必要である。

つかむ（10分）

①本時の学習課題を提示する。
②天然林はどのような場所なのか予想させる。
③天然林は森林管理局が管理していることを説明する。

調べる（25分）

①森林管理局のホームページなどから働く人たちの取り組みを調べさせる。
②調べたことを発表させ，黒板にまとめる。
③森林管理局で働く人の話から取り組みの大切さや意味について考えさせる。 **Point**

まとめる（10分）

①天然林を管理することの大切さについて話し合わせ，本時のまとめをさせる。

本時のポイント…天然林の豊かな自然を守っていくためには，人の手で維持・管理していく必要があることに気づかせます。

「わたしたちの生活と森林」 3／5時

ねらい　人工林の働きについて調べ，林業に従事している人たちの工夫や努力を理解する。

つけたい力と評価

人工林は林業で働く人たちの仕事によって維持・管理されていることを理解している。

知識及び技能

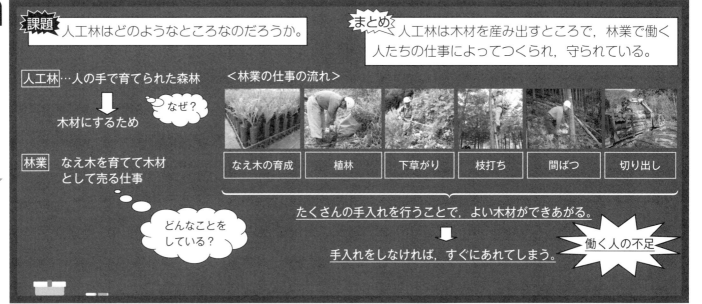

課題　人工林はどのようなところなのだろうか。

まとめ　人工林は木材を産み出すところで，林業で働く人たちの仕事によってつくられ，守られている。

人工林…人の手で育てられた森林
　↓
木材にするため（なぜ？）

林業　なえ木を育てて木材として売る仕事

＜林業の仕事の流れ＞
なえ木の育成 → 植林 → 下草がり → 枝打ち → 間ばつ → 切り出し

たくさんの手入れを行うことで，よい木材ができあがる。
　↓
手入れをしなければ，すぐにあれてしまう。

働く人の不足

どんなことをしている？

つかむ（10分）

①本時の課題を提示する。
②人工林はどのような場所なのか予想させる。
③人工林は林業という仕事によってつくられたことを説明する。

調べる（25分）

①森林組合のホームページなどから林業で働く人たちの仕事の様子を調べさせる。
②調べたことを発表させ，林業で働く人の仕事の流れをまとめる。
③林業で働く人の話から仕事の大切さや，林業の課題について調べさせる。　**Point**

まとめる（10分）

①林業と人工林の関係について話し合わせ，本時のまとめをさせる。

Point 本時のポイント…林業に従事する人々の工夫や努力を理解させるとともに，国土を守る重要な役割を果たしていることに気づかせます。

2章

授業の流れが一目でわかる！社会科5年板書型指導案

「わたしたちの生活と森林」4／5時

ねらい　これまでの学習を振り返り，学習問題の結論を導き出す。

つけたい力と評価

学習してきたことをもとに，天然林や人工林の働きを総合し，学習問題の結論として表現している。

思考力・判断力・表現力等

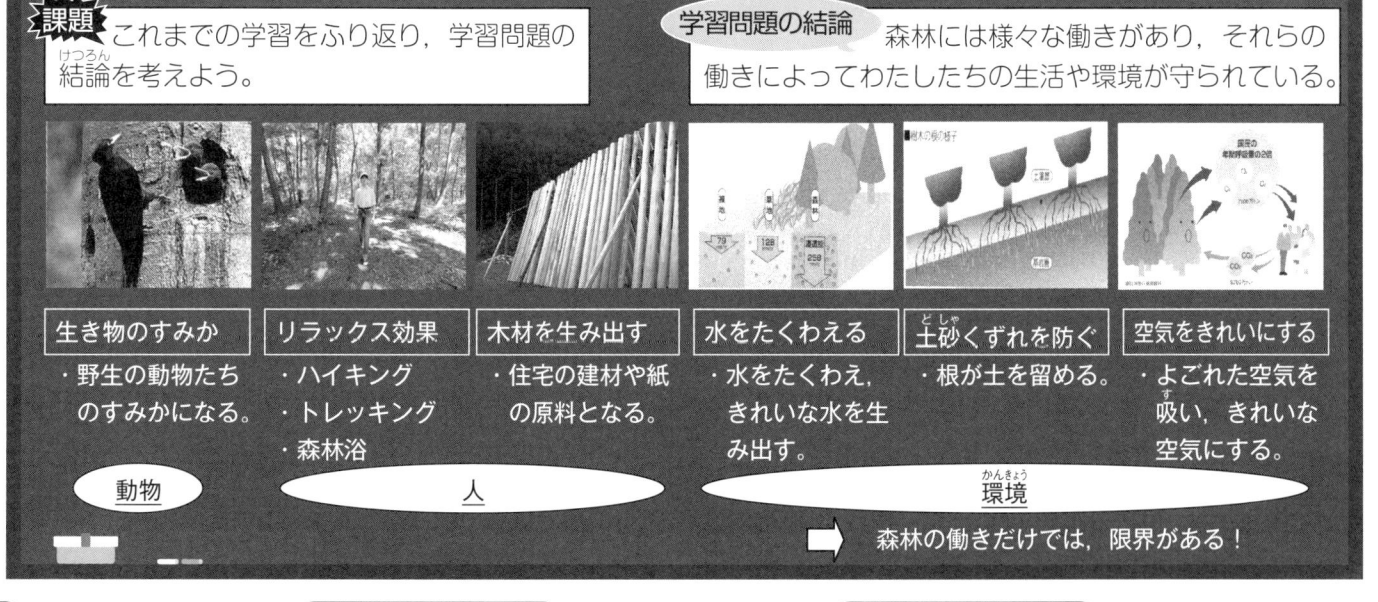

課題　これまでの学習をふり返り，学習問題の結論(けつろん)を考えよう。

学習問題の結論　森林には様々な働きがあり，それらの働きによってわたしたちの生活や環境が守られている。

生き物のすみか	リラックス効果	木材を生み出す	水をたくわえる	土砂(どしゃ)くずれを防ぐ	空気をきれいにする
・野生の動物たちのすみかになる。	・ハイキング ・トレッキング ・森林浴	・住宅の建材や紙の原料となる。	・水をたくわえ，きれいな水を生み出す。	・根が土を留める。	・よごれた空気を吸(す)い，きれいな空気にする。

動物　　人　　環境(かんきょう)

森林の働きだけでは，限界がある！

つかむ（10分）

①天然林と人工林はどのようなところであったかを振り返らせ，本時の学習課題を提示する。
②日本には森林を管轄している林野庁という機関があることを説明する。

調べる（25分）

①天然林と人工林の働きを林野庁のホームページから調べさせる。
②天然林と人工林の働きを分類・整理し，それらの働きによって何が守られているのかを考えさせ，話し合わせる。

まとめる（10分）

①森林の働きには，「動物」「人」「環境」それぞれを守る働きがあることや国土の環境を守るためには森林の働きだけでは不十分であることを確認し，学習問題の結論を記述させる。

Point

本時のポイント…森林の働きを国土の保全や国民生活と関連づけて捉えられるようにすることが大切です。

「わたしたちの生活と森林」 5／5時

ねらい 国土の森林を守るために自分たちができることを考える。

つけたい力と評価

森林の維持・管理が行き届いていないという課題に対し，解決に向けて選択・判断している。

思考力・判断力・表現力等

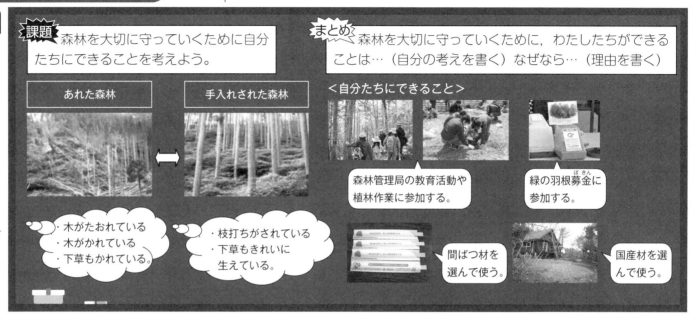

- 課題：森林を大切に守っていくために自分たちにできることを考えよう。
- まとめ：森林を大切に守っていくために，わたしたちができることは…（自分の考えを書く）なぜなら…（理由を書く）
- あれた森林／手入れされた森林
  - ・木がたおれている
  - ・木がかれている
  - ・下草もかれている。
  - ・枝打ちがされている
  - ・下草もきれいに生えている。
- ＜自分たちにできること＞
  - 森林管理局の教育活動や植林作業に参加する。
  - 緑の羽根募金に参加する。
  - 間ばつ材を選んで使う。
  - 国産材を選んで使う。

つかむ（10分）
①「あれた森林」と「手入れされた森林」の写真を提示し，比較させる。
②手入れや取り組みがなされなければ森林は荒れていくことを確認し，本時の学習課題を提示する。

調べる（25分）
①学習したことや生活経験の中から自分たちにできそうなことを考えさせる。
②考えたことを発表させ，取り組むことでどのような効果が期待できるか説明させる。

まとめる（10分）
①自分たちができそうなことを選ばせ，決定させる。
　教　これらの中で，自分たちができそうなことや，取り組んだ方がよいと思ったものはどれですか？　選んで書きましょう。

本時のポイント…ただ取り組みを挙げるのではなく，学習したことと関連づけて効果を説明させるようにします。

「自然災害を防ぐ」1／5時　／ねらい　日本で起きた自然災害の発生の時期や位置について調べ，学習問題を考える。

2章 授業の流れが一目でわかる！社会科5年板書型指導案

つけたい力と評価

日本で起きた災害の時期や分布について調べ，学習問題の解決に向けて意欲的に取り組もうとしている。

主体的に関わろうとする態度

課題 日本で起こった自然災害について調べ，学習問題をつくろう。

学習問題 自然災害からわたしたちを守るために，どのような対策がされているのだろうか。

主な自然災害の年表

毎年のように自然災害は起きている。

日本は自然災害が多い？

災害の種類と起こる場所には関係があるのかな？

全国各地で様々な自然災害が起きている。

防ぐために何か対策をしていないのかな？

つかむ（15分）

①ニュース映像などから，近年起きた自然災害について話し合わせる。

②本時の学習課題を提示する。

調べる（20分）

①「主な自然災害の年表」を提示し，時期や時間の経過を視点に，どのような災害がいつ起きたのかを読み取らせる。

②「主な自然災害の発生地」を提示し，位置や空間的な広がりを視点に，どのような自然災害がどこで発生しているのかを読み取らせる。**Point**

まとめる（10分）

①教　今日調べたことから，疑問に感じたことはありますか？

児　たくさん起きている自然災害に対して何か対策はしていないのかな？

②疑問をもとに，学習問題を考えさせる。

Point 本時のポイント…自然災害の発生の時期や位置に着目して調べることで，自然災害はこれまで度々発生し，これからも発生する可能性があることに気づかせます。

「自然災害を防ぐ」2／5時

ねらい　地震や津波，火山の噴火への対策について調べる。

つけたい力と評価

地震や津波，火山の噴火から国民を守るために国や都道府県は様々な対策をしていることを理解している。

知識及び技能

課題　地震や津波，火山の噴火からわたしたちを守る対策には，どのようなものがあるのだろうか。

まとめ　地震や津波，火山の噴火に対する対策はたくさんあるが，被害を完全に防ぐのは難しい。

＜地震や津波の被害＞　＜地震や津波への対策＞　　＜火山の噴火の被害＞　＜火山の噴火への対策＞

地震を知らせる。

津波を防ぐ。

津波からひなんする。

かん視する。

マグマを防ぐ。

噴火の被害を予測する。

つかむ（10分）

①本時の学習課題を提示する。
②既習や生活経験をもとに予想させる。

調べる（25分）

①地震や津波に対して，国や都道府県が行っている対策について調べさせる。
②火山の噴火に対して，国や都道府県が行っている対策について調べさせる。
③それぞれの対策が行われている場所を地図帳で調べさせる。

まとめる（10分）

①地図帳で調べたことから，地震は全国各地で対策が取られているが，津波は外洋に面したところ，火山の噴火は火山帯の近くで対策が取られていることに気づかせる。

🧑‍🏫　それぞれの対策はどのようなところで行われていましたか？

②本時のまとめをさせる。

Point

本時のポイント…津波や火山の噴火などの対策は，国土の地形と関係していることに気づかせます。

2章

授業の流れが一目でわかる！ 社会科５年板書型指導案

「自然災害を防ぐ」 ３／５時

ねらい 風水害や雪害への対策について調べる。

つけたい力と評価

風水害や雪害から国民を守るための国や都道府県の対策についてインターネットを活用し，必要な情報を読み取っている。

知識及び技能

課題 風水害や雪害からわたしたちを守る対策には，どのようなものがあるのだろうか。

まとめ 自然災害からわたしたちを守るために，どのような対策がされているのだろうか。

＜風水害の被害＞　　＜風水害への対策＞　　＜雪害の被害＞　　＜雪害への対策＞

水害の被害を予測する。

河川の氾濫を防ぐ。

都市の浸水被害を防ぐ。

雪崩の情報を伝える。

道を通れるようにする。

山道で雪が落ちてこないようにする。

つかむ（10分）

①本時の学習課題を提示し，既習や生活経験から予想させる。

調べる（25分）

①風水害に対して，国や都道府県が行っている対策を調べさせる。

②雪害に対して，国や都道府県が行っている対策を調べさせる。

③それぞれの対策が行われている場所を地図帳で調べさせる。

まとめる（10分）

①地図帳で調べたことから，風水害は全国各地の大きな河川や山間部で対策が取られていることや，雪害は日本海側の地域で対策が取られていることに気づかせる。

教 それぞれの対策はどのようなところで行われていましたか？

②本時のまとめをさせる。

Point

本時のポイント…風水害や雪害などの対策は，国土の気候と関係していることに気づかせます。

⑮自然災害を防ぐ

108

2章 授業の流れが一目でわかる！社会科5年板書型指導案

「自然災害を防ぐ」4／5時

ねらい 自然災害と国土の自然条件の関連について調べる。

つけたい力と評価

自然災害は国土の地形や気候などと関連があり，日本は自然災害が発生しやすい国土であることを考え表現している。

思考力・判断力・表現力等

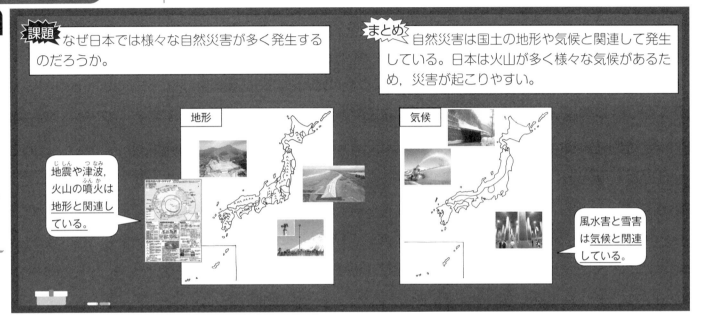

課題 なぜ日本では様々な自然災害が多く発生するのだろうか。

まとめ 自然災害は国土の地形や気候と関連して発生している。日本は火山が多く様々な気候があるため，災害が起こりやすい。

地形 / 気候

地震（じしん）や津波（つなみ），火山の噴火（ふんか）は地形と関連している。

風水害と雪害は気候と関連している。

つかむ（10分）

①学習してきた地震や津波，火山の噴火，風水害や雪害に対する国や都道府県の対策を挙げさせる。
②教 そもそも，なぜこんなにたくさんの対策が必要なのですか？
③本時の学習課題を提示する。

調べる（25分）

①これまで調べてきた対策を2つの地図（地形と気候）に分類し，位置づける。
②2つの地図に分類した理由と地図からわかることを話し合わせる。 **Point**
　教 なぜ雪害の対策は気候の地図に位置づけたのですか？
　児 雪害は気候と関係しているからです。

まとめる（10分）

①自然災害と国土の関連について本時のまとめとして記述させる。

本時のポイント…自然災害への対策を分類することで，国土の地形や気候と関連があることに気づかせます。

2章

授業の流れが一目でわかる！社会科5年板書型指導案

「自然災害を防ぐ」5／5時

ねらい これまでの学習をもとに学習問題の結論を導き出す。

つけたい力と評価

これまでに学習してきたことをもとに学習問題の結論を導き出し，自然災害を防ぐ取り組みと国土や国民生活との関わりについて表現している。

思考力・判断力・表現力等

課題 これまでに学習してきたことをもとに学習問題の結論を考えよう。

地形

気候

学習問題の結論 自然災害は国土の地形や気候などと関連して発生しているため，日本は災害が起こりやすい。だから自然災害から国民を守るために国や県によって様々な対策が進められている。

国
県
市
地域
自分

＜自然災害から自分たちの身を守るためには？＞
・防災についての情報を集めること
・災害が起きたときだけでなく，みんながふだんから意識をもつこと

つかむ（10分）

①本時の学習課題を提示する。

②学習してきた地震や津波，火山の噴火，風水害や雪害に対する国や都道府県の対策を挙げさせる。

③2つの地図（対策を地形と気候に分類し，位置づけたもの）を提示し，自然災害は国土と自然条件などと関連していることを確認する。

調べる（15分）

①4年生の「自然災害から人々を守る活動」の学習と本小単元の学習から同心円の中に自分を位置づけ，自然から誰が自分たちを守ってくれているのか話し合わせる。 **Point**

②調べてきたことや話し合ったことをもとに，学習問題の結論を考えさせ，記述させる。

まとめる（20分）

①4年生の「自然災害から人々を守る活動」の学習を想起させ，公助には限界があることから，自然災害から自分たちの身を守るために必要なことを話し合わせる。

児 災害が起きたときだけでなく，みんながふだんから意識をもつことが大切です。

本時のポイント…国や県の対策は自然災害から国土を保全し，国民生活を守るために行われていることを理解できるようにします。

「環境を守るわたしたち」 1／5時

ねらい：多摩川の昔の様子と現在の様子を比較し、学習問題を考える。

つけたい力と評価

2枚の写真の読み取りを通して、自ら問いをもち、学習問題の追究に向けて意欲的に調べようとしている。

主体的に関わろうとする態度

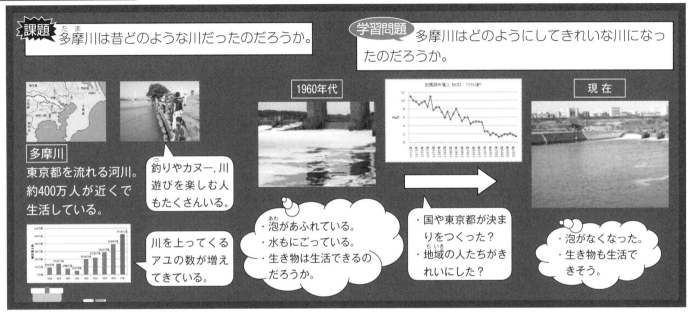

課題 多摩川(たま)は昔どのような川だったのだろうか。

学習問題 多摩川はどのようにしてきれいな川になったのだろうか。

1960年代 / 現在

多摩川 東京都を流れる河川。約400万人が近くで生活している。

釣りやカヌー、川遊びを楽しむ人もたくさんいる。

川を上ってくるアユの数が増えてきている。

・泡(あわ)があふれている。
・水もにごっている。
・生き物は生活できるのだろうか。

・国や東京都が決まりをつくった？
・地域(ちいき)の人たちがきれいにした？

・泡がなくなった。
・生き物も生活できそう。

つかむ（15分）

① 「釣りを楽しむ人たち」を提示し、川のレジャーを楽しんだ経験を話し合わせる。
② 「多摩川の位置」を提示し、多摩川の位置や流路、周囲の環境を確認させる。
③ 「多摩川に遡上するアユの数」を提示し、現在はアユが増えているが昔は少なかったことから問いをもたせ、本時の学習課題を提示する。

調べる（20分）

① 「1960年代の多摩川」と「現在の多摩川」のを提示し、比較させる。
　教 昔の多摩川と現在の多摩川を比べると川の様子にはどのようなちがいがありますか？
　児 昔は泡があふれているけれど、今はない。
② 「多摩川のBOD値の変化」を提示し、多摩川の水質が改善されてきたことに気づかせる。

まとめる（10分）

① **教** 昔の多摩川が現在の多摩川になるまでの間にどんなことがあったのでしょうか？
　児 みんなでそうじをした？
② 学習問題を考えさせる。

本時のポイント…2つの時代の川の様子の変化を考えさせることで、学習問題につなげます。

2章

授業の流れが一目でわかる！社会科5年板書型指導案

「環境を守るわたしたち」2／5時

ねらい 公害の発生時期や経過に着目し，年表を活用して調べ，まとめる。

つけたい力と評価

公害の発生時期や経過に着目し，年表を活用して調べ，必要な情報を読み取ったり，まとめたりしている。

知識及び技能

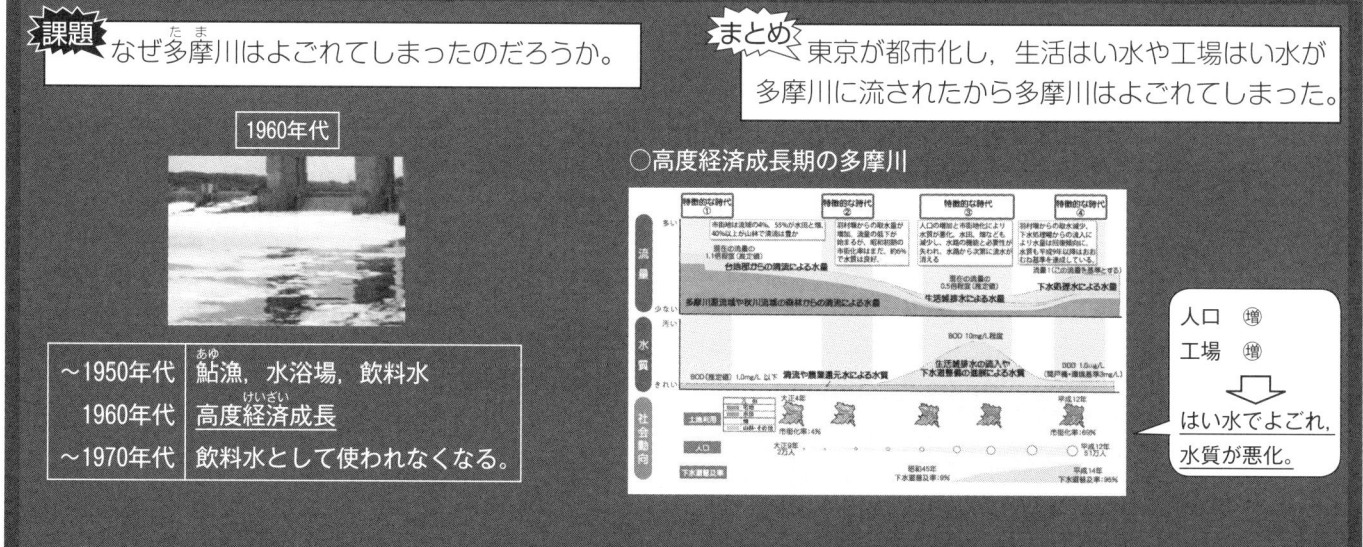

課題 なぜ多摩川はよごれてしまったのだろうか。

まとめ 東京が都市化し，生活はい水や工場はい水が多摩川に流されたから多摩川はよごれてしまった。

1960年代

～1950年代	鮎漁，水浴場，飲料水
1960年代	高度経済成長
～1970年代	飲料水として使われなくなる。

○高度経済成長期の多摩川

人口 増
工場 増

はい水でよごれ，水質が悪化。

つかむ（10分）

①前時を振り返り，1960年代の多摩川の様子について確認する。
②本時の学習課題を提示する。

調べる（25分）

①公害の発生時期や経過について，年表資料からわかることをまとめさせる。 **Point**
②都市化による家庭や工場からの排水が多く，多摩川の環境を悪化させていたことに気づかせる。

まとめる（10分）

①多摩川の水質を悪化させた原因を確認し，本時のまとめをさせる。

Point **本時のポイント**…年表を活用することで，公害の発生時期や経過を捉えることができます。

「環境を守るわたしたち」 3／5時

ねらい 国や東京都の取り組みによって、多摩川の環境が改善したことを理解する。

つけたい力と評価

国や東京都の取り組みについて理解するとともにそれらの取り組みによって多摩川の環境が大きく改善したことを理解している。

知識及び技能

課題 多摩川をきれいにするために、国や東京都はどのような取り組みをしてきたのだろうか。

まとめ 国や東京都はきまりをつくったり、下水道を整備したりすることで多摩川をきれいにしてきた。

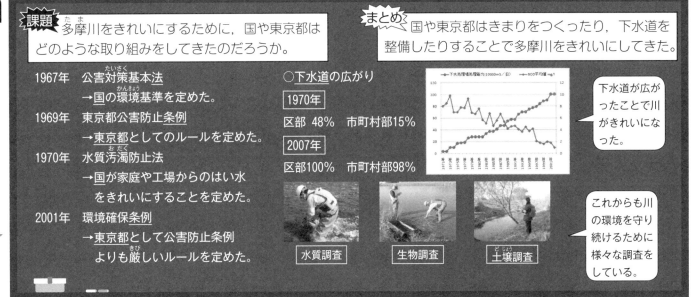

- 1967年　公害対策基本法
  →国の環境基準を定めた。
- 1969年　東京都公害防止条例
  →東京都としてのルールを定めた。
- 1970年　水質汚濁防止法
  →国が家庭や工場からのはい水をきれいにすることを定めた。
- 2001年　環境確保条例
  →東京都として公害防止条例よりも厳しいルールを定めた。

○下水道の広がり
1970年　区部 48%　市町村部15%
2007年　区部100%　市町村部98%

水質調査　生物調査　土壌調査

（吹き出し）下水道が広がったことで川がきれいになった。
（吹き出し）これからも川の環境を守り続けるために様々な調査をしている。

つかむ（5分）
①前時を振り返り、本時の学習課題を提示する。
　教　工場や家庭からの排水で汚れた多摩川に対して、国や東京都はどのような取り組みをしたのでしょうか？

調べる（25分）
①年表資料から多摩川の環境改善に関わる法律や条例を探し、まとめさせる。
②「下水道の普及率」を提示し、時間の経過に伴い、下水道が整備されてきたことや水質が改善されてきたことを確認する。**Point**

まとめる（15分）
①法律や条例と下水道の普及が多摩川の水質改善に与えた影響を話し合い、本時のまとめをさせる。

本時のポイント…時期や時間の経過を視点に取り組みを見ていくことで、取り組みがどのように環境改善につながっていったのかを理解することができます。

2章

授業の流れが一目でわかる！社会科5年板書型指導案

「環境を守るわたしたち」 4／5時

ねらい 地域の人たちの取り組みによって，多摩川の環境が維持されていることを理解する。

つけたい力と評価

地域の人たちは様々な催しを開いたり，参加したりすることで，環境の改善に努めようとしていることを理解している。

知識及び技能

課題 多摩川のために，地域の人たちはどのような取り組みをしているのだろうか。

まとめ 地域の人たちは清そう活動や教育活動を開いたり，参加したりすることで，多摩川をきれいにしたり，多摩川の魅力を伝えたり，感じたりしている。

清そう活動
→地域の人たちがごみ拾いをして多摩川の環境を守っている。

教育活動
→子どもたちを集めて多摩川のすばらしさや環境の大切さを教えている。

イベント
→多摩川の魅力を感じてもらうためにイベントを開さいしている。

地域の人　地域の人　地域の人　地域の人　地域の人

NPO法人
利益を出すことを目的とせずに活動する人たち

つかむ（10分）

①前時を振り返り，本時の学習課題を提示する。

教 工場や家庭からの排水で汚れた多摩川に対して，地域の人たちはどのような取り組みをしたのでしょうか？

調べる（25分）

①NPO法人のホームページから地域の人たちと協働して行っている取り組みを探し，まとめさせる。

②地域の人の話から，国や東京都が主催している取り組みにも参加していることに気づかせる。

まとめる（10分）

①NPO法人や国や東京都の取り組みに地域の人たちが参加することで，環境への意識を高めたり，環境を守り続けようとしたりしていることに気づかせる。

②本時のまとめをさせる。

Point

本時のポイント…様々な取り組みに対して，地域の人たちが参加することで，環境の改善が図られていくことを理解させます。

2章 授業の流れが一目でわかる！社会科5年板書型指導案

「環境を守るわたしたち」 5／5時

ねらい これまでの学習をもとに学習問題の結論を導き出し，自分たちにできることを考える。

つけたい力と評価

関係機関や地域の人たちの取り組みを関係図にまとめ，学習問題を導き出している。

思考力・判断力・表現力等

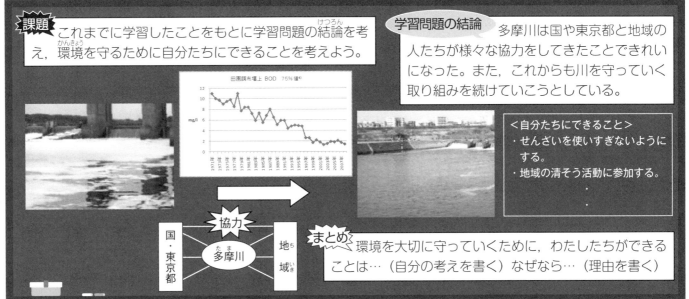

課題 これまでに学習したことをもとに学習問題の結論を考え，環境を守るために自分たちにできることを考えよう。

学習問題の結論 多摩川は国や東京都と地域の人たちが様々な協力をしてきたことできれいになった。また，これからも川を守っていく取り組みを続けていこうとしている。

＜自分たちにできること＞
・せんざいを使いすぎないようにする。
・地域の清そう活動に参加する。
・
・

国・東京都 — 協力 — 多摩川 — 地域

まとめ 環境を大切に守っていくために，わたしたちができることは…（自分の考えを書く）なぜなら…（理由を書く）

つかむ（10分）

①第1時の資料を提示し，2つの時代の間の取り組みを考えることが学習問題の結論につながることを確認する。
②本時の学習課題を提示する。

調べる（25分）

①国や東京都と地域の人たちの取り組みを関係図にまとめさせる。 **Point**

🍎 2つの時代の間に誰がどのような取り組みをしたのでしょうか？ 関係図にまとめてみましょう。

まとめる（10分）

①関係図をもとに話し合い，学習問題の結論を記述させる。
②これまでの学習してきたことの中から自分たちにできることを考えさせ，話し合わせる。
③🍎 話し合ったことの中から自分たちにできることや取り組むべきことを選びましょう。

本時のポイント…関係図にまとめることで，関係機関や地域の人たちの様々な努力により，環境が改善されてきたことに気づかせます。

おわりに

　5年生の社会科は，産業を含む全国の地理的内容を学習していくことになります。全国を取り扱うため，地域を扱う中学年ではできなかった「教科書そのもの」を使って授業を進めることが可能になります。楽になる感覚はありますが，工夫しないと教科書を読み上げて読解する国語のような授業になってしまう可能性があります。どのように授業を進めるか「案（学習指導案）」が必要です。

　あるとき，わたしが所属する上越教育大学教職大学院で興味深い授業を見ました。学習指導案そのものについて考える授業です。指導案の歴史や役割などを探っていました。ある班は，指導案の一般化を目指そうと日本全国の都道府県市町村の教育センター等で提示されている指導案を集められるだけ集めて比較分類したそうです（個人が作成した指導案を除きます）。面白いことがわかりました。集めた指導案ですべてに含まれる共通した項目は「単元名」だけだったそうです。また，A4判16枚の指導案を求めているところがあることを知り，学生は驚いていました。このようなことを調べていく中で，学習指導案は本当に必要なものなのだろうか，役立つ学習指導案とはどういうものだろうかという疑問が学生の中にわいてきたようでした。

　日常的に学習指導案を作成するとして，最低限必要な項目は何だろうかと学生たちが話し合った結果，出した答えは「1時間の展開案」か「板書計画」だろうということでした。本書は，その「板書計画」を毎時間の社会科の授業に実用的に使えるようにと考えて作成したものです。ぜひ，ご活用ください。

　本書は運命的な出会いが重なってできあがりました。あるとき，わたしが講師を務めるセミナーに井出先生が参加されていて，「板書型指導案」を毎時間毎時間書きためているという話をされたのです。当時「板書型指導案」の存在を知らなかったわたしは，井出先生に飛びつきました。詳細に板書型指導案について質問攻めをすると同時に，大学に戻ってから自分なりに調べてみました。本文で紹介した通り，「北海道社会科教育連盟」や「山口県」等で実践の積み重ねはあるようでしたが，「書籍化」されたものは存在せず，一般的に知られていないことがわかりました。もったいないなぁ，これが世の中に出て多くの学校関係者の目に触れることができたらとても価値あることだろうなぁと思いました。今回，幸いなことに明治図書の及川誠さんのご尽力によりこうして出版の運びとなりました。本当に感謝いたします。

　本書は社会科の授業のときにいつも手元に置いてもらって，書き込みをしてもらったり，印を付けてもらったりと，ボロボロになるまで活用していただくことを目指して作成しました。少しでも皆さまの社会科授業実践のお役に立てることを祈っております。

2019年3月

阿部　隆幸

【板書型指導案についての参考文献】

- 新保元康「日常の社会科授業の活性化が急務―教科書とICTを軸にした社会科の可能性―」（小学校社会科通信　まなびと　2012年春号　教育出版社）p.7
- 安達正博「主張と個性で勝負！新しい指導案づくりに挑む　板書型指導案を提案する」（「社会科教育」2009年5月号　明治図書）pp.17-20
- 前原隆志「板書型指導案に関する一考察」（山口大学教育学部附属教育実践総合センター研究紀要第42号　2016年9月）pp.11-20

【資料出典元】

国土交通省九州地方整備局大分川ダム工事事務所ＨＰ／CraftMAP／下土橋渡様／農林水産省Webサイト／中部地方整備局木曽川下流河川事務所ＨＰ／「今昔マップ on the web」より作成／中村家住宅ＨＰ／Tasshii's写真館／（一社）十日町市観光協会／海上保安庁ＨＰ／青森県三沢市広報広聴課／国土交通省ＨＰ／国土交通省近畿地方整備局ＨＰ／国土交通省九州地方整備局ＨＰ／国土交通省北陸雪害技術センターＨＰ／国土交通省関東地方整備局京浜河川事務所ＨＰ／国土交通省国土地理院ＨＰ／文部科学省研究開発局地震防災研究課地震調査研究推進本部事務局ＨＰ／総務省消防庁ＨＰ／東京都環境公社ＨＰ／林野庁林業白書森林資源現況調査／北海道森林管理局ＨＰ／総務省統計局ＨＰ／鶴見サンマリン株式会社／株式会社新来島どっく／興栄海運株式会社

【著者紹介】

阿部　隆幸（あべ　たかゆき）　1章執筆
上越教育大学教職大学院准教授。日本学級経営学会代表理事。授業づくりネットワーク副理事長。
〈著書〉『「活用・探究力」を鍛える社会科"表現"ワーク小学校編』（明治図書）ほか

井出　祐史（いで　ゆうじ）　2章分担執筆
埼玉県公立小学校教諭。埼玉県社会科教育研究会研究部員。第56回全国小学校社会科研究協議会研究大会研究発表校研究主任。

千守　泰貴（ちもり　たいき）　2章分担執筆
埼玉県公立小学校教諭。埼玉県社会科教育研究会研究部員。第56回全国小学校社会科研究協議会研究大会研究発表校社会科主任。

表紙写真下段：星峠の棚田・越後松代棚田群（十日町市観光協会提供）

全単元・全時間の流れが一目でわかる！
社会科5年　365日の板書型指導案

2019年3月初版第1刷刊　Ⓒ著　者　阿部隆幸・井出祐史
2020年4月初版第3刷刊　　　　　　　千守泰貴

発行者　藤　原　光　政
発行所　明治図書出版株式会社
　　　　http://www.meijitosho.co.jp

（企画）及川　誠　（校正）杉浦佐和子・㈱東図企画
〒114-0023　東京都北区滝野川7-46-1
振替00160-5-151318　電話03(5907)6704
ご注文窓口　電話03(5907)6668

＊検印省略　　　　組版所　藤原印刷株式会社

本書の無断コピーは，著作権・出版権にふれます。ご注意ください。

Printed in Japan　　ISBN978-4-18-309748-4
もれなくクーポンがもらえる！読者アンケートはこちらから→

思考力・判断力・表現力 を鍛える 新社会科の指導と評価

深い学びを実現する！新しい社会科授業&評価ナビゲート

北 俊夫 著 【2136】A5判 2,100円＋税

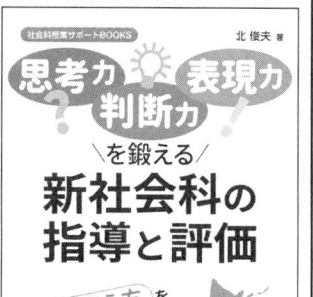

社会科で「主体的・対話的で深い学び」をどう実現するか？「思考力・判断力・表現力」を核にすえながら，子どもたちの見方・考え方を鍛える授業づくりと評価のポイントを丁寧に解説。評価テスト例も入れた「資質・能力」を身につける新しい社会科授業ナビゲート決定版！

主体的・対話的で深い学びを実現する！ 100万人が（受けたい） 社会科アクティブ授業モデル

子ども熱中間違いなし！「アクティブ社会科」授業ネタ

河原和之 編著 【2581】A5判 1,900円＋税

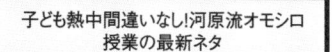

100万人が受けたい！シリーズの河原和之先生の編著による，「主体的・対話的で深い学び」を切り口とした社会科授業モデル集。子どもの「興味」をひきつける魅力的な教材と，ワクワクな展開を約束する授業の秘訣とは。「深く，楽しく」学べる社会科授業づくり決定版!

平成29年版 小学校 中学校 新学習指導要領の展開 社会編

大改訂された学習指導要領本文の徹底解説と豊富な授業例

小学校
北 俊夫・加藤寿朗 編著
【3279】A5判 1,800円＋税

中学校
原田智仁 編著
【3342】A5判 1,800円＋税

改訂に携わった著者等による新学習指導要領の各項目に対応した厚く，深い解説と，新学習指導要領の趣旨に沿った豊富な授業プラン・授業改善例を収録。圧倒的なボリュームで，校内研修から研究授業まで，この1冊で完全サポート。学習指導要領本文を巻末に収録。

続・100万人が受けたい 「中学社会」ウソ・ホント？授業シリーズ

子ども熱中間違いなし！河原流オモシロ授業の最新ネタ

河原和之 著

中学地理 【2572】A5判 1,700円＋税
中学歴史 【2573】A5判 1,700円＋税
中学公民 【2574】A5判 1,700円＋税

100万人が受けたい！「社会科授業の達人」河原和之先生の最新授業ネタ集。「つまものから考える四国」「平城京の謎を解く」「"パン"から富国強兵を」「わくわく円高・円安ゲーム」「マンガで学ぶ株式会社」など，斬新な切り口で教材化した魅力的な授業モデルを豊富に収録。

明治図書

携帯・スマートフォンからは 明治図書 ONLINE へ　書籍の検索，注文ができます。▶▶▶

http://www.meijitosho.co.jp

＊併記4桁の図書番号（英数字）でHP、携帯での検索・注文が簡単に行えます。

〒114-0023　東京都北区滝野川7-46-1　ご注文窓口　TEL 03-5907-6668　FAX 050-3156-2790

新科目「公共」の授業を成功に導くポイントを徹底解説！

高校社会 「公共」の授業を創る

橋本康弘 編著 【2538】A5判 2,000円＋税

平成30年3月に告示された新科目「公共」の学習指導要領をもとに，求められる「持続可能な社会形成者としての市民育成」「18歳選挙権に伴う主権者教育の充実」，また「主体的・対話的で深い学び」をどのように実現するか。授業づくりのポイントを徹底解説しました。

「主体的・対話的で深い学び」を実現する 社会科授業づくり

北 俊夫 著 【2536】A5判 2,000円＋税

改訂のキーワードの一である「主体的・対話的で深い学び」を，どのように社会科の授業で実現するか。①「見方・考え方」の位置付け方②系統性もふまえた「知識」の明確化③教科横断的な指導④評価のポイントの解説に加え，具体的な指導計画＆授業モデルをまとめました。

Q&Aでよくわかる！ 見方考え方を育てるパフォーマンス評価

西岡 加名恵・石井 英真 編著 【2779】A5判 2,000円＋税

「本質的な問い」に対応するパフォーマンス課題をカリキュラムに入れることで，教科の「見方・考え方」を効果的に育てることができる！目標の設定や課題アイデアから，各教科の授業シナリオまで。「見方・考え方」を育てる授業づくりのポイントをＱ＆Ａで解説しました。

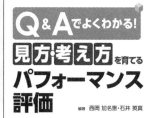

明治図書　携帯・スマートフォンからは **明治図書ONLINE** へ　http://www.meijitosho.co.jp　書籍の検索，注文ができます。▶▶▶

＊併記4桁の図書番号（英数字）でHP，携帯での検索・注文が簡単に行えます。

〒114-0023　東京都北区滝野川7-46-1　ご注文窓口　TEL 03-5907-6668　FAX 050-3156-2790

小学校 新学習指導要領 社会の授業づくり

澤井陽介 著 【1126】四六判 1,900円＋税

資質・能力，主体的・対話的で深い学び，社会的な見方・考え方，問題解決的な学習…など，様々な新しいキーワードが提示された新学習指導要領。それらをどのように授業で具現化すればよいのかを徹底解説。校内研修，研究授業から先行実施まで，あらゆる場面で活用できる1冊！

改訂のキーマンが，新CSの授業への落とし込み方を徹底解説！

中学校 新学習指導要領 社会の授業づくり

原田智仁 著 【2866】A5判 1,800円＋税

資質・能力，主体的・対話的で深い学び，見方・考え方，評価への取り組み…など，様々な新しいキーワードが提示された新学習指導要領。それらをどのように授業で具現化すればよいのかを徹底解説。校内研修，研究授業から先行実施まで，あらゆる場面で活用できる1冊！

改訂のキーマンが，新CSの授業への落とし込み方を徹底解説！

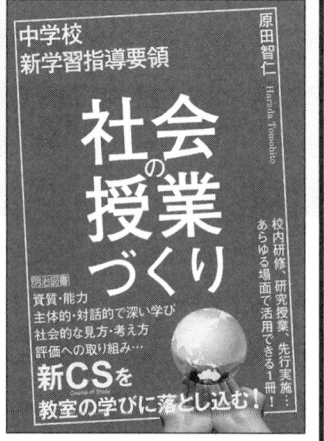

社会科授業サポートBOOKS 小学校社会科
「新内容・新教材」指導アイデア「重点単元」授業モデル

北 俊夫 編著【2148, 2329】 A5判 2,000円＋税

平成29年版学習指導要領「社会」で示された「新内容・新教材」「重複単元」について，「主体的・対話的で深い学び」の視点からの教材研究＆授業づくりを完全サポート。キーワードのQ＆A解説と具体的な指導計画＆授業モデルで，明日からの授業づくりに役立つ必携バイブルです。

「重点単元」「新教材・新内容」の授業づくりを完全サポート！

主体的・対話的で深い学びを実現する！
板書＆展開例でよくわかる 社会科 授業づくりの教科書

3・4年　　5年　　6年

朝倉一民 著 3・4年
【2285】B5判 2,200円＋税
5年
【2293】B5判 2,800円＋税
6年
【2296】B5判 2,800円＋税

1年間の社会科授業づくりを板書＆展開例で完全サポート。①板書の実物写真②授業のねらいと評価③「かかわる・つながる・創り出す」アクティブ・ラーニング的学習展開④ICT活用のポイントで各単元における社会科授業の全体像をまとめた授業づくりの教科書です。

1年間365日の社会科授業づくりを完全サポート！

明治図書

携帯・スマートフォンからは **明治図書ONLINE へ** 書籍の検索、注文ができます。 ▶ ▶ ▶
http://www.meijitosho.co.jp

＊併記4桁の図書番号（英数字）でHP、携帯での検索・注文が簡単に行えます。

〒114-0023 東京都北区滝野川7-46-1 ご注文窓口 TEL 03-5907-6668 FAX 050-3156-2790